Dhammapada

Tathāgata Buddha Śākyamuni

༄༅། །ཆོས་ཀྱི་ཚིགས་སུ་བཅད་པ།

Dhammapada

Translated into Tibetan from the Pāli
by dGe-'dun Chos-'phel

Translated into English from the Tibetan
by Dharma Publishing Staff

DHARMA PUBLISHING

TIBETAN TRANSLATION SERIES

Buddha's Lions: The Lives of the Eighty-Four Siddhas
Calm and Clear
Dhammapada
Elegant Sayings
Golden Zephyr
Kindly Bent to Ease Us: Part One
Kindly Bent to Ease Us: Part Two
Kindly Bent to Ease Us: Part Three
How the Thousand Buddhas Become Enlightened
The Legend of the Great Stupa
The Life and Liberation of Padmasambhava
The Marvelous Companion
Master of Wisdom
Mind in Buddhist Psychology
Mother of Knowledge: The Enlightenment of Ye-shes mTsho-rgyal
The Voice of the Buddha: The Beauty of Compassion

Library of Congress Cataloging Data

Tipiṭaka. Suttapiṭaka. Khuddakanikāya. Dhammapada.
English & Tibetan.
Dhammapada.

(Tibetan translation series)
I. Dge-'dun-chos-'phel, A-mdo, 1905?–1951?
II. Dharma Publishing. III. Title. IV. Series.
BQ1372.E54D46 1985 294.3'823 85–15969
ISBN: 0–913546–98–4

For information, write: Dharma Publishing, 2425 Hillside Avenue, Berkeley, California 94704 U.S.A.

Typeset in Fototronic Garamond.
Printed and bound in the United States of America
by Dharma Press, Oakland, California

9 8 7 6 5 4

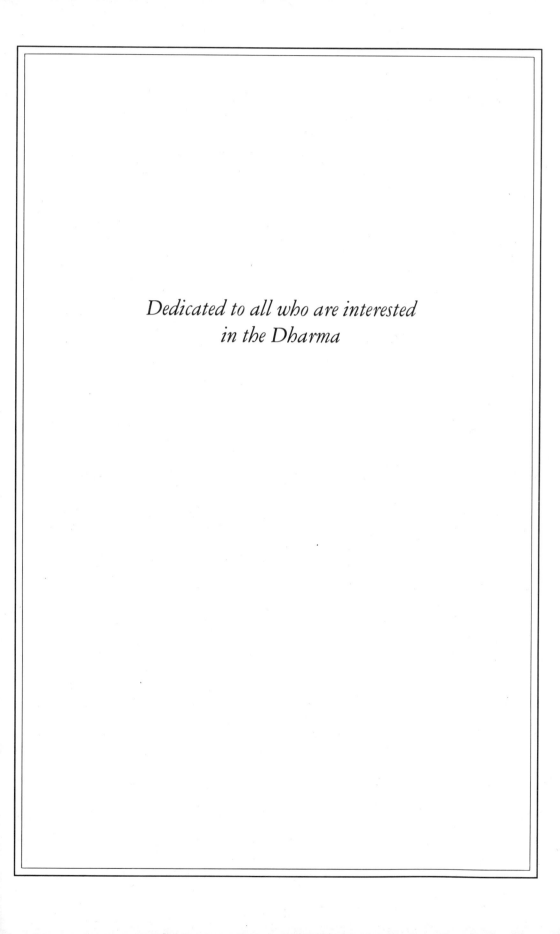

Dedicated to all who are interested in the Dharma

Āyuṣman Mahākāśyapa

Preface

The Dhammapada has long been cherished by Buddhists of all traditions for its vibrant and eloquent expression of basic Buddhist precepts. As a work of inspiration, it has universal appeal–its themes remain fresh and glowing, as relevant today as twenty-five hundred years ago when the Buddha first expressed them. While the Dhammapada is a collection of teachings given by the Buddha at many different times and places, the effect is of a unified work. Over four hundred verses are gathered under the parasol of twenty-six different themes–forming a rich pattern which interweaves variations on many of the Buddha's most effective and moving teachings.

The Dhammapada was one of the first Buddhist texts translated into English, with excerpts published in journals as early as 1830. In 1870 there appeared a complete translation by Professor Max Müller, a work that continues to be emulated. Reflecting its popularity, translations of the Dhammapada have appeared in nearly thirty different languages and in more than a hundred different versions. Even today, with many of the earliest versions still in print, new translations of this text continue to be published–for it is a wonderful text to work with: it is inspiring; it is beautiful; it is simple and clear.

It was also in this century that the Dhammapada first appeared in Tibetan, translated by the outstanding Tibetan scholar, dGe-'dun Chos-'phel. Known for his great love for language, philosophy, and life, dGe-'dun Chos-'phel was also a poet and scholar, historian and translator, as well as a great traveler. It was in Sri Lanka that he took up the project of translating the Dhammapada into Tibetan.

It is surprising that the Dhammapada was not already in Tibetan, for the Kanjur and Tanjur, the Tibetan Buddhist Canon, is the largest collection of canonical Buddhist texts in the world. Possibly the Dhammapada was deliberately excluded, on the grounds that the Udānavarga, similar in form and content to the Dhammapada, was already included in the collection. But there are many texts which have duplicates in the Canon–the Udānavarga itself appears in two places. So perhaps the exclusion of the Dhammapada was inadvertent. When the thousands of translations from Sanskrit into Tibetan were assembled into the Canon in the 13th and 14th centuries, a translation of this text may have been overlooked–the collections found in the great Tibetan monastic libraries were vast, and the catalogues not always complete. But there is evidence that the Dhammapada was known in Tibet, for in the 1930s a Prakrit recension of the text in 22 chapters was found in a Tibetan monastic library by the Indian scholar Rahula Sankrityayana. Several factors, including the length of this transcript, suggest that the Prakrit predates the Pāli version.

Rahula Sankrityayana made a total of four trips to Tibet in search of Sanskrit manuscripts, trips which came in the wake of discoveries of important collections of old Sanskrit manuscripts in Nepal, Kashmir, and Central Asia. With these discoveries, India's interest in her Buddhist heritage awoke from a sleep of well over five hundred years, and Buddhist research of all kinds began to flourish. Dr. Sankrityayana's Tibetan trips resulted in the location of over three hundred Sanskrit manuscripts. Among those he was able to copy were various important texts which had long been considered lost in the Sanskrit.

While dGe-'dun Chos-'phel almost certainly knew of the Prakrit manuscript of the Dhammapada found in Tibet, he chose instead to translate from the Pāli. This decision allowed him to follow the Tibetan system of translation, which means working with a living exemplar of the tradition. Such a collaboration ensures that a translation is not only technically accurate, but also conveys the meaning of the text as expressed through a living tradition. It is difficult to accomplish this level of accuracy if one works only with the help of dictionaries or printed commentaries, or even with the help of ordinary scholars. In Ceylon, dGe-'dun Chos-'phel was able to work with a master of the Pāli tradition. As he states in the colophon, the text was translated: "at the feet of the great guide and elder, Reverend Dharmānanda, at the monastery of dPal Ral-gri'i ri-bo in Sri Lanka." The collaboration was truly successful, for not only is his translation faithful to the Pāli, but as with all great translations, it has the flavor of the original —elegant and lyrical, yet truly accessible.

dGe-'dun Chos-'phel's translation of the Dhammapada is thus in the tradition of those whose aim was to gather together and preserve in Tibetan the whole of the living tradition of Buddhist teachings. Because of this, when Dharma Publishing published the Nyingma Edition of the Derge Kanjur and Tanjur in 1980, I felt it would be fitting to include dGe-dun Chos-'phel's translation of the Dhammapada in the section of supplementary works. Since few have access to copies of this collection, we are also reprinting the Tibetan translation here, together with its translation into English. In preparing this text for publication, I have worked closely with the editors, although many other projects prevented me from doing as much as I would have wished. Yet with the English side by side with the Tibetan, we feel this book will be useful for the many teachers and students of Tibetan who often have great difficulty finding suitable texts to work with.

For students of Tibetan, we have also included a fairly comprehensive listing of Tibetan Dharma terms with Sanskrit and English equivalents. Many partial lists are found in appendices of existing translations from Tibetan and Sanskrit, but it is difficult to find a list which includes Sanskrit, Tibetan, and English. Our list of terms was compiled from, and checked against, many different sources, including Lama Mipham's dictionary of Sanskrit and Tibetan terms, and the Mahāvyutpatti from the Derge edition of the Kanjur and Tanjur. We have also included a simple Tibetan-English word list which includes most of the words found in the Dhammapada.

We hope that this will be an inspiring workbook for all beginning students of the Tibetan language, and that it will help to foster the growing interest in Tibetan studies.

This book is published in commemoration of the work of a remarkable man, dGe-'dun Chos-'phel. We hope that his vision of translating will be carried on by the Yeshe De Project—a project initiated by Dharma Publishing for the purpose of systematically translating the texts of all Buddhist traditions.

The Publisher

Translators' Note

There are many similarities, as well as many differences, in the various recensions of the Dhammapada. For example, while the Pāli Dhammapada contains 423 verses in 26 chapters, and the Buddhist Hybrid Sanskrit Dharmapada contains 414 verses in 22 chapters, the Udānavarga contains over 950 verses in 33 chapters. Although a verse may be found in all the known recensions, it may be placed in a different chapter, and the language may vary considerably. The following excerpts are comparable verses from four sources: the Tibetan translation of the Pāli Dhammapada (as found in this volume), the Pāli Dhammapada, the Buddhist Hybrid Sanskrit Dharmapada (N.S. Shukla's edition of the text Sankrityayana found in Tibet, published in Patna, 1979), and the Tibetan of the Udānavarga (Tanjur, Derge edition). The English is ours.

From the Tibetan translation of the Pāli Dhammapada:

rTag-tu rab-tu 'bar-ba-la / ci-la bgod cing ci-la dga' / mun-pas kun-nas g·yogs-pa khyod / sgron-me 'tshol-bar mi byed dam /

How can there be joy, how can there be laughter / when (everything) is always fiercely burning? / When you are completely shrouded in darkness / do you not seek for a lamp? /

[Chapter 11, Old Age (rGas-pa'i sde-tshan), verse 1]

From the Pāli Dhammapada:

Ko nu hāso kim ānando / niccaṁ pajjalite sati / andhakārena onaddhā / padīpaṁ na gavessatha /

How can there be laughter, how can there be joy / when (everything) is always fiercely burning? / Overcome by darkness, / do you not seek for a lamp? /

[Chapter 11, Old Age (Jāra Vagga), verse 1]

From the Buddhist Hybrid Sanskrit Dharmapada:

Kinnu hāso kim ānando / niccaṁ prajjalite sati / andhakāramhi prakkhittā / pradīpaṁ na gaveṣatha /

How can there be laughter, how can there be joy / when everything is always fiercely burning?/ When darkness overwhelms you, / do you not seek for a lamp? /

[Chapter 13, Refuge (Śaraṇa Vaggaḥ), verse 18]

From the Udānavarga:

De-ltar rab-tu 'bar-ba-la / ci-zhig dgar yod mgur ci yod / mun-pa'i nang zhugs gnas-pa dag / ci-phyir sgron-ma tshol mi-byed /

How can there be rejoicing, how can there be joy / when there is such fierce burning? / Why do those who live in the midst of such darkness / not search for a lamp? /

[Chapter 1, Impermanence (Mi-rtag-pa'i tshoms), verse 4]

Contents

Dhammapada

༄༅། །རྒྱ་གར་སྐད་དུ། ཧྨ་པ་ད། བོད་སྐད་དུ།

ཆོས་ཀྱི་ཚིགས་སུ་བཅད་པ། བམ་པོ་དང་པོ།

སངས་རྒྱས་བཅོམ་ལྡན་འདས་ལ་

ཕྱག་འཚལ་ལོ།།

Dhammapada

།ཟུང་ལྡན་གྱི་སྡེ་ཚན།

། མཉན་ཡོད་དུ་དགེ་སློང་མིག་སྐྱོང་ལ་གསུངས་པ།

༡

།ཆོས་རྣམས་ཡིད་ཀྱི་རང་བཞིན་ཏེ། །ཡིད་ནི་གཙོ་ཞིང་སྔོན་ལ་འགྲོ། །གལ་ཏེ་ཡིད་ནི་རབ་དྭངས་པས། །སྨྲས་སམ་ཡང་ན་བྱས་ཀྱང་རུང་། །དེ་ལ་དེ་ཡིས་བདེ་བ་འཐོབ། །གྲིབ་མ་ཡོལ་བར་མི་འགྱུར་བཞིན།།

༢

།ཆོས་རྣམས་ཡིད་ཀྱི་རང་བཞིན་ཏེ། །ཡིད་ནི་གཙོ་ཞིང་སྔོན་ལ་འགྲོ། །གལ་ཏེ་གདུག་པའི་ཡིད་ཀྱིས་ནི། །སྨྲས་སམ་ཡང་ན་བྱས་ཀྱང་རུང་། །དེ་ལ་དེ་ཡིས་སྡུག་བསྔལ་འཐོབ༑ །ཤིང་རྟ་རྗེས་སུ་འབྲང་བ་བཞིན།།

། རྒྱལ་བྱེད་ཚལ་དུ་སྐར་རྒྱལ་ལ་འོ།

༣

།ང་ལ་སྨད་ཅིང་ང་ལ་གནོད། །ང་ལས་འཕྲོག་ཅིང་ང་ཕམ་ཞེས། །གང་གིས་དེ་དག་སེམས་བྱེད་པ། །དེ་རྣམས་ཁྲོ་བ་ཞི་མི་འགྱུར།།

༤

།ང་ལ་སྨད་ཅིང་ང་ལ་གནོད། །ང་ལས་འཕྲོག་ཅིང་ང་ཕམ་ཞེས། །གང་གིས་དེ་དག་མི་སེམས་པ། །དེ་རྣམས་ཁྲོ་བ་ཞི་བར་འགྱུར།།

Twin Verses

Spoken at Śrāvastī concerning the monk Cakṣuṣpāla:

1

All things have the nature of mind. Mind is the chief and takes the lead. If the mind is clear, whatever you do or say will bring happiness that will follow you like your shadow.

2

All things have the nature of mind. Mind is the chief and takes the lead. If the mind is polluted, whatever you do or say leads to suffering which will follow you, as a cart trails a horse.

Spoken in the Jetavana Grove to Tiṣya:

3

"They would harm me. They would embarrass me. They would rob me. They would defeat me." Those who think in such a way will never be released from their hatred.

4

"They would harm me. They would embarrass me. They would rob me. They would defeat me." Those who do not think in such a way will be released from their hatred.

། རྒྱལ་བྱེད་ཚལ་དུ་ནག་མོ་ལ་འོ།

༥

།འདི་ན་ནམ་ཡང་ཁྲོ་བ་ཡིས། །དགྲ་རྣམས་ཞི་བར་མི་བྱེད་ཀྱང་། །ཁྲོ་བ་མེད་པས་
ཞི་བར་འགྱུར། །འདི་ནི་གཡུང་དྲུང་ཆོས་ཡིན་ནོ།།

༦

།རང་ཅག་འདི་ན་མགྲོན་པོ་ཞེས། །ལ་ལ་དག་ནི་མི་ཤེས་ཏེ། །དེ་ལ་གང་གིས་ཤེས་
གྱུར་པ། །དེ་ནས་འཁོན་འཛིན་ཞི་བར་འགྱུར།།

། མཉན་ཡོད་དུ་ནག་པོ་རླེང་གཉིས་ལ་འོ།

༧

།སྡུག་པ་རྗེས་སུ་བལྟ་བ་ལ་གནས་ཤིང་། །དབང་པོ་མ་བསྡམས་ཟས་ཀྱི་ཚོད་མི་རིག། །ལེ་
ལོ་ལྡན་ཅིང་བརྩོན་འགྲུས་དམན་པ་དེ། །སྟོབས་མེད་ཤིང་ལ་རླུང་བཞིན་བདུད་ཀྱིས་བཟློ།།

༨

།མི་སྡུག་རྗེས་སུ་བལྟ་བ་ལ་གནས་ཤིང་། །དབང་པོ་ལེགས་བསྡམས་ཟས་ཀྱི་ཚོད་རིག་པ།
།དད་པ་ལྡན་ཞིང་བརྩོན་འགྲུས་རྩོམ་པ་དེ། །བདུད་ཀྱིས་མི་ཚུགས་རླུང་གིས་བྲག་རི་
བཞིན །།

མཉན་ཡོད་དུ་ལྷས་བྱིན་ལ་འོ།

༩

།གང་ཞིག་འབག་པ་མ་བསལ་བར། །གོས་ཀྱིས་ཡོངས་སུ་དཀྲིས་གྱུར་ཀྱང་། །བདེན་
དང་དུལ་བ་མི་ལྡན་པ། །དེ་ལ་ངུར་སྨྲིག་འོས་མ་ཡིན།།

Spoken to Kālī in the Jetavana Grove:

5

Your enemies will never make peace in the face of hatred–it is the absence of hatred that leads to peace. This is an eternal truth.

6

We are but guests visiting this world, though most do not know this. Those who see the real situation, no longer feel inclined to quarrel.

Spoken in Śrāvastī concerning the Elder and Younger Kāla:

7

Living for the pursuit of pleasure, senses endlessly stimulated, all appetites fed, undisciplined and lazy, you will be blown away by Māra, powerless, like a twig in a storm.

8

Aware of the unpleasant side of life, senses controlled and appetites contained, full of faith and effort, you are like a mountain of rock in a storm, and Māra cannot touch you.

Spoken in Śrāvastī concerning Devadatta:

9

One who wraps himself in the robes of a monk without first clearing away his worst defilements, one who lacks both self-restraint and truth, is unworthy of the saffron robes.

༡༠

།གང་ཞིག་འཆགས་པ་བསལ་གྱུར་ཅིང་། །ཚུལ་ཁྲིམས་དག་ལ་གཅེས་པར་འཛིན། །བདེན་དང་དུལ་བ་ལྡན་གྱུར་བ། །དེ་ཉིད་ལ་ནི་ངུར་སྨྲིག་འོས།།

།འོད་མའི་ཚལ་དུ་ཡང་དག་རྒྱལ་བ་ལ་འོ།

༡༡

།སྙིང་པོ་མེད་ལ་སྙིང་པོ་དང་། །སྙིང་པོ་སྙིང་པོ་མེད་པར་མཐོང་། །མི་བདེན་ཀུན་རྟོག་སྤྱོད་ཡུལ་ཅན། །དེ་རྣམས་སྙིང་པོ་འཐོབ་མི་འགྱུར།།

༡༢

།སྙིང་པོ་ཅན་ལ་སྙིང་པོ་དང་། །སྙིང་མེད་སྙིང་པོ་མེད་པར་མཐོང་། །ཡང་དག་རྟོག་པའི་སྤྱོད་ཡུལ་ཅན། །དེ་རྣམས་སྙིང་པོ་འཐོབ་པར་འགྱུར།།

།མཉན་ཡོད་དུ་དགའ་བོ་ལ་འོ།

༡༣

།དཔེར་ན་ཉེས་པར་གཡོགས་པའི་ཁྱིམ། །ཆར་པས་ཀུན་དུ་བརྡོལ་བར་བྱེད། །དེ་བཞིན་བསྒོམ་པ་མེད་པའི་སེམས། །འདོད་ཆགས་ཀྱིས་ནི་འབིགས་པར་བྱེད།།

༡༤

།དཔེར་ན་ལེགས་པར་གཡོགས་པའི་ཁྱིམ། །ཆར་པས་ཀུན་དུ་བརྡོལ་མ་ཡིན། །དེ་བཞིན་ལེགས་པར་བསྒོམ་པའི་སེམས། །འདོད་ཆགས་ཀྱིས་ནི་འབིགས་མི་བྱེད།།

10

One who holds tightly to self-discipline and clears away all inner pollution, one endowed with both discipline and truth, is worthy of the saffron robes.

Spoken in the Bamboo Grove concerning Sañjaya:

11

Seeing the meaningful as meaningless, and the meaningless as meaningful, one is capable only of falsehood and fiction, and will never arrive at true meaning.

12

Seeing the meaningful as meaningful, and the meaningless as meaningless, one is capable of genuine understanding, and will gain the heart of meaning.

Spoken to Nanda in Śrāvastī:

13

Just as rain leaks into a house with a poorly-made roof, desire and attachment will seep into a house unprotected by meditative awareness.

14

Just as rain does not enter a house with a well-made roof, desire and attachment do not enter a house protected by meditative awareness.

།འོད་མའི་ཚལ་དུ་བསྐྱུལ་བྱེད་ལ་འོ།

༡༥

།ཚེ་འདིར་མྱ་ངན་ཕྱི་མར་མྱ་ངན་འགྱུར། །སྡིག་པ་བྱེད་པ་གཉིས་ཀར་མྱ་ངན་འགྱུར།
།རང་ཉིད་ཉེན་མོངས་གྱུར་བའི་ལས་མཐོང་ནས། །དེ་ནི་མྱ་ངན་དེ་ནི་གདུང་བར་འགྱུར།།

༡༦

།ཚེ་འདིར་སྤྲོ་ཞིང་ཕྱི་མར་སྤྲོ་བར་འགྱུར། །དགེ་བ་བྱེད་པ་གཉིས་ཀར་སྤྲོ་བར་འགྱུར།
།རང་ཉིད་རྣམ་པར་དག་པའི་ལས་མཐོང་ནས། །དེ་ནི་དགའ་ཞིང་དེ་ནི་སྤྲོ་བར་འགྱུར།།

།ལྷས་བྱིན་ལ་འོ།

༡༧

།ཚེ་འདིར་གདུང་ཞིང་ཕྱི་མར་གདུང་བར་འགྱུར། །སྡིག་པ་བྱེད་པ་གཉིས་ཀར་གདུང་
བར་འགྱུར། །བདག་གིས་སྡིག་པ་བྱས་ཞེས་གདུང་བར་འགྱུར། །ངན་འགྲོར་སོང་ནས་
ལྷག་པར་གདུང་བར་འགྱུར།།

༡༨

།ཚེ་འདིར་དགའ་ཞིང་ཕྱི་མར་དགའ་བར་འགྱུར། །དགེ་བ་བྱེད་པ་གཉིས་ཀར་དགའ་
བར་འགྱུར། །བདག་གིས་དགེ་བ་བྱས་ཞེས་དགའ་བར་འགྱུར། །བདེ་འགྲོར་སོང་
ནས་ལྷག་པར་དགའ་བར་འགྱུར།།

༡༩

།ཡང་དག་བསྟུས་པ་མང་པོ་འདོན་བྱེད་ཀྱང་། །དེ་དག་ལས་སུ་མི་བྱེད་བག་མེད་མི།
།གཞན་གྱི་བ་ལང་ཕྱུགས་རྗེས་བགྲང་བ་བཞིན། །དགེ་སྦྱོང་དག་གི་གྲངས་སུ་མི་འགྱུར་རོ།།

Spoken in the Bamboo Grove concerning Cunda:

15

Suffering in this life becomes suffering in the next; the one who does evil suffers in both. When you see how impure your actions have been, you will suffer, you will be tormented.

16

Rejoicing in this life becomes rejoicing in the next; the one who does good rejoices in both. When you see how pure your actions have been, you will be happy, you will rejoice.

Spoken concerning Devadatta:

17

Tormented in this life, tormented in the next; the one who does evil is tormented in both. The misery of your evil acts will plague you, and fallen into lower realms, you will suffer even more.

18

Happy in this life, happy in the next; the one who does good is happy in both. The happiness from the good you have done will delight you, and when you pass to the heaven realms, your delight will continue to grow.

19

Though you can recite many words of the teachings, if your words do not accord with your actions, you are like one who counts the wealth of another, and you are not to be numbered among the priesthood.

༢༠

།ཡང་དག་བསྡུས་པ་ཉུང་ངུ་ཙམ་འདོན་ཡང་། །ཆོས་ལ་ཆོས་དང་མཐུན་པར་སྤྱོད་བྱེད་པ། །ཆགས་དང་ཞེ་སྡང་རྨོངས་པ་རབ་སྤངས་ཤིང་། །ཡང་དག་ཤེས་རབ་རྣམ་པར་དག་པའི་སེམས། །འདི་དང་ཕྱིས་སུ་ཉེ་བར་ལེན་མེད་པ། །དེ་ནི་དགེ་སྦྱོང་དག་གི་གྲངས་སུ་འགྲོ།། །།

།ཟུང་ལྡན་གྱི་སྡེ་ཚན་ཏེ། །ལེའུ་དང་པོ་འོ།།

20

You are to be numbered among the priesthood though you know little of philosophy—if your actions accord with the Dharma, and you have renounced desire, hatred, and delusion, if your mind is imbued with genuine wisdom, and you cling to nothing in this world or the next.

།བག་ཡོད་ཀྱི་སྡེ་ཚན།

།གདངས་ཅན་གྱི་ཀུན་དགའ་ར་བར་སྒོ་མངས་ཅན་ལ་གསུངས་པ།

༡

།བག་ཡོད་བདུད་རྩིའི་གོ་འཕང་སྟེ། །བག་མེད་པ་ནི་འཆི་བའི་གནས། །བག་ཡོད་འཆི་བར་མི་འགྱུར་ཏེ། །བག་མེད་པ་ནི་འཆི་དང་འདྲ།།

༢

།དེ་ལྟར་མཁས་པ་བག་ཡོད་ནི། །ཁྱད་དུ་འཕགས་པར་ཤེས་ནས་ཀྱང་། །བག་ཡོད་ལ་ནི་སྤྲོ་བྱེད་ཅིང་། །འཕགས་པའི་སྤྱོད་ཡུལ་དག་ལ་དགའ།།

༣

།མཁས་པ་རྒྱུན་དུ་བསྒོམ་བྱེད་ཅིང་། །རྟག་ཏུ་བརྟན་ཅིང་ཐྱིལ་གནོན་པ། །དེ་དག་རྣལ་འབྱོར་དགེ་བའི་ས། །བླ་མེད་མྱ་ངན་འདས་ལ་རེག།

།འོད་མའི་ཚལ་དུ་བུམ་སྒྲ་ཅན་ལ་འོ།

༤

།སྣང་བ་ཡང་ཞིང་དྲན་པ་ལྡན། །དག་སྤྱོད་ངེས་བར་ཞི་བྱེད་པ། །སྡོམ་ལྡན་ཆོས་ཀྱི་འཚོ་བ་ཅན། །བག་ཡོད་རྣམས་ཀྱི་གྲགས་པ་འཕེལ།།

Vigilance

Spoken in the Vivṛta Grove concerning Syāmāvatī:

1

Vigilance is the way of Immortality; heedlessness the abode of death. Those who are vigilant will not die, but the heedless are already as dead.

2

In this way the wise understand the critical importance of vigilance; vigilance fills them with energy, and they rejoice in saintly conduct.

3

The wise are forever meditating, steadfast and subdued. Applying themselves to virtue, they reach the highest nirvana.

Spoken in the Bamboo Grove concerning Kumbhaghoṣaka:

4

Awake and mindful, with pure action and certain calm, the vigilant totally commit their lives to the Dharma, and their glory increases.

།འོད་མའི་ཚལ་དུ་ལམ་ཆུང་པ་ལ་འོ།

༥

།ལྡང་བ་ཡང་དང་བག་ཡོད་ཀྱིས། །ཡང་དག་སྡོམ་དང་དུལ་བ་ཡིས། །མཁས་པས་
གླིང་དུ་བྱས་གྱུར་པ། །གང་ལ་ཆླབས་ཀྱིས་ཚུགས་པ་མེད།།

༦

།བྱིས་པ་བློ་ངན་སྐྱེས་བོ་རྣམས། །བག་མེད་པ་ལ་རྗེས་སུ་སྦྱོར། །མཁས་པ་རྣམས་
ཀྱིས་བག་ཡོད་ནི། །ནོར་གྱི་མཆོག་བཞིན་བསྲུང་བར་བྱེད།།

༧

།བག་མེད་པ་ལ་སྦྱོར་མི་བྱ། །འདོད་པའི་དགའ་བ་བསྟེན་མི་བྱ། །བག་ཡོད་བསྒོམས་
པར་བྱས་པ་ཡིས། །རྒྱ་ཆེན་བདེ་བ་འཐོབ་པར་འགྱུར།།

།འོད་སྲུང་ཆེན་པོ་ལ་འོ།

༨

།མཁས་པ་གང་ཚེ་བག་མེད་བག་ཡོད་ཀྱིས། །བསྐྲད་ནས་ཤེས་རབ་རབ་དྭངས་ལ་ཞོན་པ།
།སྐྱོ་མེད་རི་བོའི་རྩེ་ནས་ཐང་བཞིན་དུ། །བྱིས་པའི་སྐྱེ་རྒུ་མྱ་ངན་ཅན་ལ་གཟིགས།།

༩

།བག་མེད་ཁྲོད་ན་བག་ཡོད་ཅིང་། །ཉལ་བའི་ཁྲོད་ན་སད་གྱུར་པ། །རྟ་མཆོག་ལྟ་བུའི་
མཁས་པ་རྣམས། །སྟོབས་མེད་རྟ་རྣམས་བསྐྱུར་ནས་འགྲོ།།

Spoken in the Bamboo Grove to Panthaka the Younger:

5

The wise, by alertness and by vigilance, by restraint and perfect self-control, make of themselves an island which the waves can never overwhelm.

6

The foolish and low-minded embrace their own negligence. The wise guard vigilance as they would a great jewel.

7

Through cultivating vigilance, you will attain expanding joy. Do not let self-indulgence attract you—you cannot count on the pleasures of desire.

Spoken to Mahākāśyapa:

8

When the wise replace carelessness with care, they climb to the clear heights of wisdom and calmly gaze upon the mass of suffering beings, like someone on a mountain peak gazing on the plain.

9

Vigilant among the heedless, and awake among the sleeping, the wise are like fine horses, leaving the nags behind.

༡༠

།བག་ཡོད་ཉིད་ཀྱིས་བརྒྱ་བྱིན་ནི། །ལྷ་རྣམས་དག་གི་གཙོ་བོར་གྱུར། །བག་ཡོད་པ་ནི་རབ་ཏུ་བསྔགས། །བག་མེད་པ་ནི་རྟག་ཏུ་སྨད།།

༡༡

།དགེ་སློང་བག་ཡོད་ལ་དགའ་ཞིང་། །བག་མེད་འཇིགས་པར་བལྟ་བ་ནི། །ཀུན་དུ་སྦྱོར་བ་ཕྲ་རགས་རྣམས། །སྲེག་པར་བྱེད་པའི་མེ་བཞིན་འགྱུར།།

༡༢

།དགེ་སློང་བག་ཡོད་ལ་དགའ་ཞིང་། །བག་མེད་འཇིགས་པར་བལྟ་བ་ནི། །ཡོངས་སུ་ཉམས་པ་མི་སྲིད་ཅིང་། །མྱ་ངན་འདས་པའི་གམ་ན་གནས།། །།

།བག་ཡོད་ཀྱི་སྡེ་ཚན་ཏེ། །ལེའུ་གཉིས་པ་འོ།།

10

It was by such vigilance that Indra became lord of the gods. Thus the gods revile heedlessness and hold vigilance in high regard.

11

The monk delighting in vigilance views heedlessness with horror. The monk's awareness is like a fire, burning all attachments both great and small.

12

The monk delighting in vigilance views heedlessness with horror–it is not possible for him to fail, and he is close to nirvana.

།སེམས་ཀྱི་སྡེ་ཚན།

།ཙཱ་ལི་ཡའི་རི་བོར་གསུངས་པ།

༡

།སེམས་ནི་གཡོ་ཞིང་འཁྲུག་པ་དང་། །བསྲུང་བར་དཀའ་ཞིང་ཞི་དཀའ་སྟེ། །མདའ་མཁན་མདའ་མོ་བྱེད་པ་བཞིན། །བློ་དང་ལྡན་པས་བསྲུང་བར་བྱ།།

༢

།ཆུ་ཡི་ཁྱིམ་དུ་སྐྱེས་པའི་ཉ། །ཐང་ལ་འཕང་བ་ཇི་བཞིན་དུ། །བདུད་ཀྱི་ཡུལ་ས་བསྐྱུར་བ་ལ། །སེམས་འདི་ཡོངས་སུ་འདར་བར་གྱུར།།

།མཉན་ཡོད་དུ་འོ།

༣

།བཟུང་བར་དཀའ་ཞིང་ཡང་བ་དང་། །གང་དུ་དགའ་བར་འགྲོ་བ་ཡི། །སེམས་འདུལ་བ་ནི་ལེགས་པ་སྟེ། །སེམས་དུལ་བ་ཡིས་བདེ་བ་འདྲེན།།

༤

།བལྟ་བར་དཀའ་ཞིང་གཡེར་བག་ཆེ། །གང་དུ་དགའ་བར་འགྲོ་བ་ཡི། །སེམས་བསྲུང་བ་ནི་མཁས་པ་སྟེ། །སེམས་བསྲུང་བ་ཡིས་བདེ་བ་འདྲེན།།

Mind

Spoken at Cāliya Mountain:

1

The mind is restless and cunning, difficult to calm, difficult to guard. As the archer makes his arrows straight, the wise straighten out their minds.

2

Trembling like a fish tossed from the sea upon the shore, the mind quivers uncontrollably, stranded in the realm of Māra.

Spoken at Śrāvastī:

3

The mind is flighty and elusive, moving wherever it pleases. Taming it is wonderful indeed—for a disciplined mind invites true joy.

4

The mind is like space, difficult to see, moving wherever it pleases. Watching it carefully is wise indeed: a guarded mind invites true joy.

༥

།རྒྱང་ལ་འགྲོ་ཞིང་གཅིག་པུར་རྒྱུ། །སྡོད་ས་སྦྲིད་ཅིང་གཟུགས་མེད་པའི། །སེམས་ནི་གང་གིས་རབ་སྡོམ་པ། །བདུད་ཀྱི་འཆིང་བ་གྲོལ་བར་བྱེད།།

༦

།སེམས་ནི་ཡོངས་སུ་མི་གནས་དང་། །དམ་པའི་ཆོས་ནི་མི་ཤེས་དང་། །རབ་ཏུ་དྭངས་པ་བཀྲུགས་པ་ལ། །ཤེས་རབ་ཡོངས་སུ་རྫོགས་མི་འགྱུར།།

།མཉན་ཡོད་དུ་འོ།

༧

།ཟག་པ་མེད་པའི་སེམས་ལྡན་ཞིང་། །རྒྱུ་བ་མེད་པའི་སེམས་ལྡན་པ། །བསོད་ནམས་སྡིག་པ་རབ་སྤངས་པའི། །སད་པ་རྣམས་ལ་འཇིགས་པ་མེད།།

༨

།ལུས་འདི་བུམ་པ་འདྲ་བར་རིག་བྱས་ཤིང་། །སེམས་འདི་གྲོང་ཁྱེར་འདྲ་བར་བཞག་བྱས་ནས། །ཤེས་རབ་མཚོན་གྱིས་བདུད་ལས་རྒྱལ་བའི་གཡུལ། །འཐབ་ཅིང་ངལ་བསོ་མེད་པར་བསྲུང་བར་གྱིས།།

།མཉན་ཡོད་དུ་སྐར་རྒྱལ་ལ་འོ།

༩

།ཀྱི་མ་རིང་པོ་མི་ཐོགས་པར། །ལུས་འདི་རྣམ་ཤེས་བྲལ་གྱུར་ཏེ། །ཡན་ལག་ཕྱིས་ནས་བོང་བ་བཞིན། །ས་ཡི་སྟེང་དུ་འཛེག་པར་འགྱུར།།

5

The mind, being formless, is well hidden in its haunts as it wanders here and there on its own. Whoever catches the mind and tames it is free from Māra's bonds.

6

Knowing nothing of the holy Dharma, the mind never stays still. Since the clear depths are disturbed, complete and perfect wisdom does not arise.

Spoken at Śrāvastī:

7

Those whose minds are free of fetters, whose minds do not wander, who have given up thinking of merit or sin, are awake and fearless.

8

Those who know that the body is like a fragile vessel make a fortress of the mind. They are ever vigilant, and with the sword of wisdom they wage constant war with Māra.

Spoken at Śrāvastī to Tiṣya:

9

Alas! Within a very short time, this body will lose its consciousness: It will be left lying upon the ground like the limbless trunk of a tree.

། ཀོ་ས་ལར་ཕྱུགས་རྫི་དགའ་བོ་ལའོ། །

༡༠

།འགྲུས་པས་འགྲུས་སམ་ཡང་ན་ནི། །དགྲ་ཡིས་དགྲ་ལ་ཅི་བྱས་པ། །དེ་ལས་ཆེས་ཆེར་ཉེས་པ་དག །ལོག་པར་དྲངས་པའི་སེམས་ཀྱིས་བྱེད།།

༡༡

།མ་དང་ཕ་ཡིས་མ་བྱས་ཤིང་། །ཉེ་དུ་གཞན་གྱིས་མ་བྱས་པ། །དེ་ལས་ཆེས་ཆེར་ལེགས་པ་འདི། །ཡང་དག་དྲངས་པའི་སེམས་ཀྱིས་བྱེད།། །།

།སེམས་ཀྱི་སྡེ་ཚན་དེ། །ལེའུ་གསུམ་པའོ།།

Spoken at Kosala concerning the herdsman Nanda:

10

The mind which is wrongly guided does even greater harm than the harm inflicted by an enemy upon his foe.

11

The rightly-guided mind acts for even greater good than the good done by our parents or by others whom we know.

།མེ་ཏོག་གི་སྡེ་ཚན།

།མཉན་ཡོད་དུ་འོ།

༡

།ས་འདི་གཤིན་རྗེའི་འཇིག་རྟེན་དང་། །ལྷ་དང་བཅས་འདི་རྒྱལ་འདོད་སུ། །ལེགས་བཤད་དགེ་བའི་ཆོས་ཀྱི་ཚིག། །མེ་ཏོག་བཞིན་དུ་འཚོལ་བ་སུ།།

༢

།ས་འདི་གཤིན་རྗེའི་འཇིག་རྟེན་དང་། །ལྷར་བཅས་སློབ་མས་རྒྱལ་བར་འདོད། །ལེགས་གསུང་དགེ་བའི་ཆོས་ཀྱི་ཚིག། །མེ་ཏོག་བཞིན་དུ་སློབ་མས་འཚོལ།།

༣

།ལུས་འདི་ན་ལྦུ་བ་ལྟ་བུར་རིག་བྱས་ཤིང་།།ཆོས་ནི་སྨིག་རྒྱུ་ལྟ་བུར་མངོན་ཤེས་པ།།བདུད་ཀྱི་མེ་ཏོག་མདའ་མོ་བཅག་ནས་ཀྱང་། །འཆི་བདག་རྒྱལ་པོས་མཐོང་བ་མེད་པར་འགྲོ །།

།འཕགས་སྐྱེས་པོ་ལ་འོ།

༤

།མེ་ཏོག་ཙམ་ཞིག་བདུ་བ་ལ། །རྣམ་པར་ཆགས་པའི་ཡིད་ལྡན་མི། །ཤྭ་འོད་ཆེན་པོས་གཉིད་ལོག་པའི། །གྲོང་བཞིན་འཆི་བས་འཁྱེར་ཏེ་འགྲོ།།

Flowers

Spoken at Śrāvastī:

1

Does anyone wish to overcome Yama's realm of destruction—this world and the realm of the gods? Who will search for the glorious words of the virtuous Dharma as though they were searching for flowers?

2

The disciples wish to conquer this world and the realm of the gods—Yama's realm of destruction. The disciples seek out the glorious words of the virtuous Dharma as though searching for flowers.

3

Whoever realizes that this body is just like foam, whoever knows all things are like a mirage, will break Māra's arrows of desire which look like flowers, and will travel on unseen by the Lord of Death.

Spoken concerning Virūḍhaka:

4

Just as a raging river sweeps away a sleeping village, death will carry off the one spellbound by picking flowers.

༥

།མེ་ཏོག་ཙམ་ཞིག་བདུ་བ་ལ། །རྣམ་པར་ཆགས་པའི་ཡིད་ལྡན་མི། །འདོད་པ་མ་ཚིམ་ཉིད་དུ་ནི། །འཆི་བས་དབང་དུ་བྱེད་པར་འགྱུར།།

།མཉན་ཡོད་དུ་འོ།

༦

།ཇི་ལྟར་བུང་བ་མེ་ཏོག་གི། །ཁ་དོག་དྲི་ལ་མི་གནོད་པར། །སྦྲང་རྩི་བླངས་ཏེ་འགྲོས་བྱེད་པ། །དེ་བཞིན་ཐུབ་པ་གྲོང་དུ་རྒྱུ།།

༧

།རང་ཉིད་ཁོ་ནའི་བྱ་བ་དང་། །བྱ་བ་མིན་ལ་བལྟ་བྱ་ཡིས། །གཞན་གྱི་གོ་རིམ་ལོག་པ་དང་། །བྱ་དང་བྱ་མིན་དག་ལ་མིན།།

།མཉན་ཡོད་དུ་དགེ་བསྙེན་ལ་འོ།

༨

།ཇི་ལྟར་དྲི་ཞིམ་མེད་པ་ཡི། །མེ་ཏོག་མདངས་ལྡན་མཛེས་པ་བཞིན། །རང་ཉིད་དེ་ལྟར་མི་བྱེད་པའི། །ལེགས་པར་སྨྲས་ལ་འབྲས་བུ་མེད།།

༩

།ཇི་ལྟར་དྲི་ཞིམ་ལྡན་པ་ཡི། །མེ་ཏོག་མདངས་ལྡན་མཛེས་པ་བཞིན། །རང་ཉིད་དེ་ལྟར་བྱེད་པ་ཡི། །ལེགས་པར་སྨྲས་པ་འབྲས་ཡོད་འགྱུར།།

5

Those whose minds are held spellbound by picking flowers will be overwhelmed by death, their desires still unsatisfied.

Spoken at Śrāvastī:

6

Just as a bee extracts the flower's nectar without disturbing the flower's color or scent, the Sage moves through the town and quickly passes on.

7

Do not reflect upon the missteps of others, their deeds and misdeeds, but rather look upon what you yourself have done and left undone.

Spoken at Śrāvastī to the Upāsakas:

8

Like beautiful flowers that have no fragrance, fine words which are not acted upon are fruitless.

9

Like beautiful flowers with both color and scent, fine words which are acted upon will bear fruit.

།མཉན་ཡོད་དུ་ས་ག་མ་ལ་འོ།

༡༠

།ཇི་ལྟར་མེ་ཏོག་ཕུང་པོ་ལས། །མེ་ཏོག་ཕྲེང་བ་མང་བྱེད་ལྟར། །སྐྱེས་ནས་འཆི་བར་ངེས་པ་རྣམས། །དགེ་བ་མང་དུ་བྱེད་པར་བྱ།།

།མཉན་ཡོད་དུ་ཀུན་དགའ་བོ་ལ་འོ།

༡༡

།མེ་ཏོག་ཙན་དན་རྒྱ་སྤོས་མལླི་ཀཱའི། །དྲི་ཞིམ་རྗེ་ཕྱོགས་ཟློག་སྟེ་འགྲོ་མ་ཡིན། །དམ་པའི་དྲི་ནི་རྗེ་ཕྱོགས་ཟློག་སྟེ་འགྲོ། །སྐྱེས་བུ་དམ་པ་ཡུལ་ཀུན་ཁྱབ་པ་འདྲ།།

།འོད་མའི་ཚལ་དུ་འོད་སྲུང་ལ་འོ།

༡༢

།ཙན་དན་དང་ནི་རྒྱ་སྤོས་སམ། །ཨུད་པལ་དབྱར་གྱི་མེ་ཏོག་སྟེ། །དྲི་ཞིམ་འབྱུང་བ་དེ་རྣམས་ལས། །ཚུལ་ཁྲིམས་དྲི་ནི་བླ་ན་མེད།།

༡༣

།རྒྱ་སྤོས་དང་ནི་ཙན་དན་གྱི། །དྲི་ཞིམ་གང་ཡིན་ཆུང་ཟད་ཙམ། །ཚུལ་ཁྲིམས་ལྡན་པའི་དྲི་མཆོག་གང་། །མཐོ་རིས་རྣམས་སུ་ལྡང་བར་བྱེད།།

།འོད་མའི་ཚལ་དུ་བ་ལང་བདག་ལ་འོ།

༡༤

།ཚུལ་ཁྲིམས་ཕུན་སུམ་ཚོགས་པ་དང་། །བག་ཡོད་ལ་གནས་ཡང་དག་ཤེས། །རྣམ་པར་གྲོལ་བ་དེ་རྣམས་ཀྱི། །ལམ་ནི་བདུད་ཀྱིས་རིག་མི་འགྱུར།།

Spoken at Śrāvastī concerning Viśākhā:

10

Just as one makes many garlands from a heap of flowers, those who are certain of death perform many virtuous actions.

Spoken at Śrāvastī to Ānanda:

11

The sweet scents of sandalwood, of tagara and jasmine travel only with the wind. But the fragrance of holiness travels even against the wind: The influence of the holy ones extends everywhere.

Spoken in the Bamboo Grove concerning Kāśyapa:

12

Though the sandalwood, the tagara, and the blue lotus–the flowers of summer–have a wonderful fragrance, the fragrance of moral practice is sweeter still.

13

The fragrance of tagara and sandalwood is sweet but slight. The fragrance of moral practice rises even to the heavens.

Spoken in the Bamboo Grove concerning Godhika:

14

Māra does not know the path of those who are free–those with genuine wisdom, who abide in vigilance and perfect conduct.

།རྒྱལ་བྱེད་ཚལ་དུའོ།

༡༥

།ཇི་ལྟར་ཕྱུག་དར་ཕྱུང་པོ་དག། །ལམ་པོ་ཆེ་ལ་བོར་བྱས་པ། །དེ་ན་གཙང་མའི་དྲི་ཞིམ་པའི། །ཡིད་འོང་པདྨ་སྐྱེ་བར་འགྱུར།།

༡༦

།དེ་བཞིན་ཕྱུག་དར་ལྟ་བུ་ཡི། །སོ་སྐྱེས་ལོང་བའི་ཁྲོད་དག་ན། །རྫོགས་སངས་རྒྱས་ཀྱི་ཉན་ཐོས་རྣམས། །ཤེས་རབ་ཀྱིས་ནི་ཆེར་མཛེས་འགྱུར།། །།

།མེ་ཏོག་གི་སྡེ་ཚན་ཏེ། །ལེའུ་བཞི་པའོ།།

Spoken in the Jetavana Grove:

15

A fresh and fragrant lotus of breathtaking beauty grows on a heap of rubbish along the highway.

16

In this same way, the followers of the perfect Buddha, those who shine with wisdom, stand out from the dustheap of ordinary men, those who are blind to virtue.

། བྱིས་པའི་སྡེ་ཚན།

། རྒྱལ་བྱེད་ཚལ་དུ་དབྱུལ་པོ་ལ་གསུངས་པ།

༡

། གཉིད་མེད་པ་ལ་མཚན་མོ་རིང་། །ངལ་བར་གྱུར་ལ་དཔག་ཚད་རིང་། །དམ་པའི་ཆོས་ནི་མི་ཤེས་པའི། །བྱིས་པ་རྣམས་ལ་འཁོར་བ་རིང་། །

།རྒྱལ་པོའི་ཁབ་ཏུ་འོ།

༢

།འགྲོ་བ་རང་ལས་ལྷག་པ་དང་། །རང་དང་མཉམ་པ་མ་རྙེད་ན། །ཅིས་ཀྱང་གཅིག་པུར་འགྲོ་བར་བྱ། །བྱིས་པ་རྣམས་དང་ལྷན་དུ་མིན། །

། མཉན་ཡོད་དུ་དགའ་བོ་ལའོ།

༣

།བདག་ལ་བུ་ཡོད་ནོར་ཡོད་ཅེས། །བྱིས་པ་རྣམས་ནི་སེམས་པར་བྱེད། །བདག་ཀྱང་བདག་ལ་ཡོད་མིན་ན། །བུ་དང་ནོར་ནི་ག་ལ་ཞིག །

༤

།བླུན་པོར་སེམས་པའི་བླུན་པོ་ནི། །དེའི་ཕྱིར་མཁས་པ་ཉིད་ཀྱང་ཡིན། །བླུན་པོ་མཁས་པར་དྲེགས་པ་དེ། །ངེས་པར་བླུན་པོ་བྱ་བར་བརྗོད། །

The Fool

Spoken in the Jetavana Grove concerning a poor man:

1

To the sleepless, the night is long. To the weary, the mile is long. To ordinary people who know nothing of the holy Dharma, samsara is long.

Spoken at Rājagṛha:

2

If you cannot find a companion equal to or better than yourself, journey alone–do not travel with a fool.

Spoken at Śrāvastī to Nanda:

3

The fool busies himself thinking: "These are my sons, this wealth is mine." But he does not even belong to himself, so what can be said of sons and wealth?

4

A fool aware of being a fool knows at least that much. But the fool who is proud of his knowledge deserves to be called a fool.

།རྒྱལ་བྱེད་ཚལ་དུ་འཆར་ཀ་ལ་འོ།

༧

།ཇི་སྲིད་འཚོ་བའི་བར་དག་ཏུ། །བླུན་པོས་མཁས་པ་བསྟེན་བྱས་ཀྱང་། །ཐུག་པའི་བྲོ་བ་གཟར་བུས་བཞིན། །ཆོས་ནི་དེ་ཡིས་ཤེས་མི་འགྱུར།།

༨

།ཐྲོ་དང་ལྡན་པས་ཡུད་ཙམ་ཞིག། །མཁས་པ་དག་ལ་བསྟེན་བྱས་ཀྱང་། །ཐུག་པའི་བྲོ་བ་ལྕེ་ཡིས་བཞིན། །ཆོས་ནི་མྱུར་དུ་ཤེས་པར་འགྱུར།།

།རྒྱལ་པོའི་ཁབ་ཏུ་འོ།

༧

།གང་གིས་རྒྱུབ་མོའི་འབྲས་བུ་ནི། །འཕྲིན་བྱེད་སྡིག་པའི་ལས་བྱེད་པ། །བྱིས་པ་བློ་གྲོས་ངན་པ་རྣམས། །རང་ཉིད་རང་གི་དགྲ་བཞིན་སྤྱོད།།

།རྒྱལ་བྱེད་ཚལ་དུ་འོད་སྲུང་ལ་འོ།

༡

།གང་ཞིག་བྱས་ན་འགྱོད་འགྱུར་བའི། །ལས་དེ་བྱས་པ་ལེགས་པ་མིན། །མཆི་མའི་གདོང་གིས་ངུ་བཞིན་དུ། །དེ་ཡི་རྣམ་སྨིན་སྨྲར་བསྟེན་འགྱུར།།

༢

།གང་ཞིག་བྱས་ན་མི་འགྱོད་པའི། །ལས་དེ་ལེགས་པར་བྱས་པ་སྟེ། །སྤྲོ་ཞིང་ཡིད་ནི་བདེ་བ་ཡིས། །དེ་ཡི་རྣམ་སྨིན་སྨྲར་བསྟེན་འགྱུར།།

Spoken in the Jetavana Grove concerning Udāyi:

5

A fool may associate with the wise for the entire length of his life, but he will never understand the Dharma. Can the ladle taste the soup?

6

A sensible man may meet with the wise for only a moment or two, but he quickly understands the Dharma, just as the tongue tastes the soup.

Spoken at Rājagṛha:

7

Fools and the wicked are their own worst foes. They perform evil actions that bring forth bitter fruit.

Spoken in the Jetavana Grove to Kāśyapa:

8

Do not perform actions you will later regret: those actions which will ripen into future pain and sorrow.

9

Perform those actions you will never regret: actions that will ripen into future joy and delight.

།རྒྱལ་བྱེད་ཚལ་དུ་ཨུ་ཏྤ་ལའི་མདོག་ལ་འོ།

༡༠

།ཇི་སྲིད་སྡིག་པ་སྨིན་གྱི་བར། །བྱིས་པས་སྦྲང་རྩི་བཞིན་དུ་སེམས། །གང་ཚེ་སྡིག་པ་སྨིན་གྱུར་པ། །དེ་དུས་ངེས་པར་སྡུག་བསྔལ་འགྱུར།།

།འོད་མའི་ཚལ་དུ་ཀུན་དུ་རྒྱུ་ལྭ་ལ་འོ།

༡༡

།བླུན་པོ་ཟླ་བ་ཟླ་བ་ལ། །ཀུ་ཤའི་རྩེ་མོས་ཟས་ཟ་ཡང་། །ཆོས་ནི་བགྲང་བར་བྱེད་རྣམས་ཀྱི། །བཅུ་དྲུག་ཆ་ཡང་དེ་མ་ཡིན།།

༡༢

།སྡིག་པའི་ལས་ནི་འོ་མ་བཞིན། །དེ་མ་ཐག་ཏུ་མི་འགྱུར་ཏེ། །ཐལ་བས་གཡོགས་པའི་མེ་བཞིན་དུ། །སླད་ནས་བྱིས་པ་སྲེག་པར་བྱེད།།

།འོད་མའི་ཚལ་དུ་འོ།

༡༣

།ཇི་སྲིད་དོན་མིན་ཤེས་པ་ནི། །བྱིས་པ་དག་ལ་སྐྱེས་ཀྱི་བར། །བྱིས་པའི་དཀར་པོའི་ཆ་འཇོམས་ཤིང་། །དེ་ཡི་སྤྱི་བོར་རྣམ་པར་ལྷུང་།།

།རྒྱལ་བྱེད་ཚལ་དུ་ཆོས་བཟང་ལ་འོ།

༡༤

།དགེ་སློང་ནང་དུ་གྲལ་མགོ་དང་། །བསྟི་གནས་རྣམས་སུ་གཙོ་བོ་དང་། །ཁྱིམ་གཞན་དག་ཏུ་མཆོད་པ་སྟེ། །མི་སྲིད་པ་རྣམས་འདོད་པར་བྱེད།།

Spoken in the Jetavana Grove concerning Utpālavarṇa:

10

Until an evil action ripens, the fool may find it sweet as honey. But when the evil comes to fruition, then the fool is certain to suffer.

Spoken in the Bamboo Grove concerning the wanderer Jambuka:

11

Month after month the fool plays the ascetic, eating his food with the tip of a blade of grass. But he is not worth a fraction of a fraction of those who deliberate on the Teachings.

12

An evil deed is like milk: it may not turn sour right away. An evil deed smolders like buried coals that will burn you at a later date.

Spoken in the Bamboo Grove:

13

For as long as a fool displays meaningless knowledge, it will fall back on his head to destroy what goodness he has.

Spoken to Sudharma in the Jetavana Grove:

14

The fool desires what does not exist: high rank among monks, to be headman among those in retreat, to be always honored in others' homes.

༧༤

།ཁྱིམ་པ་དང་ནི་རབ་བྱུང་སྡེ། །གཉིས་ཀ་དག་ནི་ཁོ་བོས་བྱས། །བྱ་དང་བྱ་མིན་ཅི་ལ་ཡང་། །ང་ཉིད་རབ་ཏུ་དབང་པོ་ཞེས། །བླུན་པོ་ཀུན་ཏུ་རྟོག་པ་དང་། །འདོད་དང་ང་རྒྱལ་འཕེལ་བར་བྱེད།།

།མཉན་ཡོད་དུ་སྐར་རྒྱལ་ལའོ།

༧༥

།ལ་ལ་རྙེད་པའི་ལམ་ཡིན་ཏེ། །ལ་ལ་མྱ་ངན་འདས་པའི་ལམ། །འདི་གཉིས་མངོན་པར་ཤེས་བྱས་ནས། །དགེ་སློང་སངས་རྒྱས་ཉན་ཐོས་རྣམས། །བཀུར་བསྟི་དག་ལ་མི་དགའ་ཞིང་། །དབེན་པའི་བསྟུགས་པ་བརྟེན་པར་བྱོས།། །།

།བྱིས་པའི་སྡེ་ཚན་ཏེ། །ལེའུ་ལྔ་པའོ།།

15

"Let both the monks and the laymen think I am the one in charge of what is to be done or left undone." This is the way the fool thinks, increasing his desire, pride, and self-delusion.

Spoken at Śrāvastī concerning Tiṣya:

16

The path that leads to worldly gain is one thing, the path to nirvana is quite another. Monks who follow the Buddha's teachings clearly understand the difference. So take no pleasure in recognition, but praise detachment!

།མཁས་པའི་སྤྱི་ཚན།

།རྒྱལ་བྱེད་ཚལ་དུ་ནོ།

༡

།གང་གིས་སྡོང་བ་སྟོན་བྱེད་ཅིང་། །ཡང་དག་སྡོམ་པ་སྒྲ་བྱེད་པའི། །བློ་ལྡན་མཁས་པ་དེ་འདྲ་བ། །མཐོང་ན་གཏེར་སྟོན་བཞིན་དུ་བསྟེན། །དེ་འདྲ་བསྟེན་པར་བྱེད་རྣམས་ལ། །ལེགས་པ་འབྱུང་ཞིང་སྡིག་པ་མིན།།

༢

།གདམས་པར་བྱ་ཞིང་སློབ་པར་བྱ། །མི་མཐུན་པ་རྣམས་བཟློག་པར་བྱ། །དམ་པ་དེ་ལ་དགྱེས་པ་སྟེ། །དམ་པ་མིན་རྣམས་དགའ་མི་འགྱུར།།

༣

།སྡིག་པའི་གྲོགས་པོ་བསྟེན་མི་བྱ། །མ་རབས་སྐྱེས་བུ་བསྟེན་མི་བྱ། །དགེ་བའི་གྲོགས་རྣམས་བསྟེན་བྱ་ཞིང་། །སྐྱེས་བུ་མཆོག་རྣམས་བསྟེན་པར་བྱ།།

།རྒྱལ་བྱེད་ཚལ་དུ་ཀ་པིན་ཆེན་པོ་ལ་ནོ།

༤

།རབ་ཏུ་དྭངས་པའི་སེམས་ཀྱིས་ནི། །ཆོས་ནི་བཏུང་སྟེ་བདེ་བར་གཟིམ། །རྟག་ཏུ་འཕགས་པས་རབ་གསུངས་པའི། །ཆོས་ལ་མཁས་པ་དགའ་བར་འགྱུར།།

The Wise

Spoken at the Jetavana Grove:

1

If you meet someone with wisdom who can tell you what to avoid and what to practice, attend upon this person as upon a revealer of treasure. For good and never evil comes from such associations.

2

Let them teach you and direct you and turn you from what is unwholesome. The pure in heart will rejoice in them, although the worldly will not like them.

3

Do not take up with low-minded friends, or associate with worthless people. Depend instead on virtuous friends, and attend on noble beings.

Spoken in the Jetavana Grove concerning Mahākapina:

4

One who drinks deeply of the Dharma with a clear and open mind, rests well. The wise always delight in the Dharma spoken by the saints.

།རྒྱལ་བྱེད་ཚལ་དུ་དགེ་ཚུལ་མཁས་པ་ལ་འོ།

༥

།ཡུར་བ་བྱེད་པ་རྣམས་ཀྱིས་ཆུ་འདྲེན་ཅིང་། །མདའ་མཁན་རྣམས་ཀྱིས་སྨྱུག་མ་བསྲང་བར་བྱེད། །ཤིང་མཁན་རྣམས་ཀྱིས་ཤིང་ནི་འདྲོངས་པ་སྟེ། །མཁས་པ་རྣམས་ནི་བདག་ཉིད་འདུལ་བར་མཛད།།

།རྒྱལ་བྱེད་ཚལ་དུ་འོ།

༦

།ཇི་ལྟར་དུམ་བུ་གཅིག་པའི་བྲག། །རླུང་གིས་གཡོ་བར་མི་བྱེད་པ། །དེ་བཞིན་བསྟོད་དང་སྨད་པ་ལ། །མཁས་པ་རྣམས་ནི་གཡོ་བ་མེད།།

༧

།ཇི་ལྟར་གཏིང་ཟབ་མཚོ་མོ་ནི། །རྙོག་པ་མེད་ཅིང་རབ་དྭངས་པ། །དེ་བཞིན་དམ་པའི་ཆོས་ཐོས་ནས། །མཁས་རྣམས་རབ་ཏུ་དྭངས་པར་འགྱུར།།

༨

།སྐྱེས་བུ་དམ་པ་གནས་སྐབས་ཀུན་ལ་འཇུག། །དྲང་སྲོང་འདོད་པ་འདོད་པའི་གཏམ་མི་གསུངས། །བདེ་བས་དགའ་འམ་འོན་ཏེ་སྡུག་བསྔལ་གྱིས། །མཁས་པ་རྣམས་ལ་མཐོ་དམན་མཐོང་མི་འགྱུར།།

Spoken in the Jetavana Grove concerning the wise novice:

5

Farmers direct the flow of water; arrowsmiths straighten the arrow shaft; carpenters fashion wood; and the wise work on themselves.

Spoken in the Jetavana Grove:

6

Solid rock is not moved by wind; the wise are never unsettled by praise or blame.

7

Just as the depths of a lake are pure and untroubled, so the wise, hearing the holy Dharma, become crystal clear.

8

Holy beings do not communicate personal desires in any situation, for happiness and misery are all the same to them. Elation and depression are not found in the wise.

༩

།བདག་སླད་མ་ཡིན་གཞན་གྱི་སླད་དུ་མིན། །བུ་ནི་མི་འདོད་ནོར་མིན་ཡུལ་འཁོར་མིན།
།ཆོས་མ་ཡིན་པས་རང་འབྱོར་མི་འདོད་པ། །དེ་ནི་ཚུལ་ལྡན་ཤེས་ལྡན་ཆོས་ལྡན་འགྱུར།།

།རྒྱལ་བྱེད་ཚལ་དུ་ཆོས་ལ་ནོ།

༡༠

།ཕ་རོལ་སོན་པའི་སྐྱེས་བུ་ནི། །མི་ཡི་ནང་ན་ཉུང་ངུ་ཙམ། །འོན་ཀྱང་སྐྱེ་རྒུ་གཞན་པ་རྣམས། །ཚུ་རོལ་ཁོ་ནར་རྗེས་སུ་རྒྱུགས།།

༡༡

།གང་ཞིག་ཡང་དག་གསུང་བ་ཡི། །ཆོས་ལ་ཆོས་ཀྱི་རྗེས་སུ་འཇུག །འཆི་བའི་ཡུལ་ས་བགྲོད་དཀའ་བའི། །ཕ་རོལ་སྐྱེ་བོ་དེ་རྣམས་བགྲོད།།

།རྒྱལ་བྱེད་ཚལ་དུ་ནོ།

༡༢

།ནག་པོའི་ཆོས་ནི་རྣམ་སྤངས་ནས། །མཁས་པས་དཀར་པོ་བསྒོམས་པར་བྱ། །ཁྱིམ་ནས་ཁྱིམ་མེད་དབེན་པ་ནི། །གང་དུ་དགའ་བ་དཀའ་བར་སོང་།།

༡༣

།ཅི་ཡང་མེད་པར་འདོད་སྤངས་ཏེ། །དེར་ནི་མངོན་དགའ་འདོད་པར་བྱ། །རང་གི་སེམས་ཀྱི་ཉོན་མོངས་རྣམས། །མཁས་པས་ཡོངས་སུ་འདུལ་བར་བྱ།།

9

If you have no desire for sons, for wealth, or for estates, either for yourself or for the sake of others, and desire no good fortune through wrong means, you are possessed of ethics, knowledge, and the Dharma.

Spoken in the Jetavana Grove on the Dharma:

10

Although many beings run up and down the water's edge, only a few will reach the other shore.

11

It is difficult to find one's way across the realm of death; but those who follow the teachings of the one who teaches the truth will reach the other side.

Spoken in the Jetavana Grove:

12

The wise forsake the paths of darkness, and cultivate the way of light, going where life is hard—escaping from the householder's life to find joy in the homeless state of solitude.

13

The wise, desiring happiness, give up all that they desire, and thus subdue all the emotional turmoil of the mind.

༨༩

།གང་གིས་བྱང་ཆུབ་ཡན་ལག་རྣམས། །ཡང་དག་སེམས་ཀྱིས་ལེགས་པར་བསྒོམས།
།ལེན་པ་རྣམས་ལས་ཕྱིར་ཕྱུངས་ཤིང་། །ཉེ་བར་ལེན་ལ་མི་དགའ་བ། །ཟག་ཟད་སྣང་
བ་ལྡན་པ་དེ། །འཇིག་རྟེན་ཡོངས་སུ་མྱ་ངན་འདའ།། །།

།མཁས་པའི་སྐོ་ཚན་ཏེ། །ལེའུ་དྲུག་པའོ།།

14

Cultivating the factors of Enlightenment with the pure mind of meditation, you will stop all grasping. Taking no delight in attachment, and destroying all defilements, full of light, you will completely pass beyond the suffering of this world.

། དགྲ་བཅོམ་པའི་སྡེ་ཚན།

། ཨམྲའི་ཚལ་དུ་འཚོ་བྱེད་ལ་གསུངས་པ།

༡

། རྒྱུ་བ་ཟད་ཅིང་མྱ་ངན་བྲལ། ། ཐམས་ཅད་ཀུན་ཏུ་རྣམ་གྲོལ་བ། ། འཆིང་བ་ཐམས་ཅད་བཅད་པ་ལ། ། ཡོངས་སུ་གདུང་བ་ཡོད་མ་ཡིན།།

༢

། དྲན་དང་ལྡན་པར་རབ་སྦྱོར་བ། ། དེ་རྣམས་གནས་ལ་ཆགས་མ་ཡིན། ། ངང་པས་རྫིང་བུ་གཏོང་བ་བཞིན། ། ཁྱིམ་དང་ཁྱིམ་ནི་དེ་ཡིས་འདོར།།

། རྒྱལ་བྱེད་ཚལ་དུ་འོ།

༣

། གང་ལ་བསོག་འཇོག་ཡོད་མིན་ཞིང་། ། གང་གིས་ཡོངས་སུ་གནང་བ་སྤྱོད། ། གང་གི་སྤྱོད་ཡུལ་སྟོང་ཉིད་དང་། ། མཚན་མེད་རྣམ་པར་ཐར་བ་སྟེ། ། དེ་རྣམས་གོ་འཕང་ནམ་མཁའ་ལ། ། བྱ་ལམ་བཞིན་དུ་ཤེས་པར་དཀའ།།

༤

། གང་གི་ཟག་པ་ཡོངས་ཟད་ཅིང་། ། ཟས་ལ་ཞེན་པ་ཡོད་མ་ཡིན། ། གང་གི་སྤྱོད་ཡུལ་སྟོང་ཉིད་དང་། ། མཚན་མེད་རྣམ་པར་ཐར་བ་སྟེ། ། དེ་རྣམས་གོ་འཕང་ནམ་མཁའ་ལ། ། བྱ་ལམ་བཞིན་དུ་ཤེས་པར་དཀའ།།

The Arhat

Spoken in the Garden of Amara to Jīvaka:

1

The Arhat's wandering is at an end: He is free from sorrow, completely free. Sorrow no longer exists for the one who has cut all bonds.

2

The Arhat dwells in mindfulness; he does not need a home. Like a goose flying away from a pond, he leaves behind place after place.

Spoken in the Jetavana Grove:

3

The Arhat does not need possessions–he gives everything away. His sphere of action is wide-open and unmarked, completely free. Like the path of a bird across the sky, his way is hard to trace.

4

The Arhat has destroyed all remnants of the fetters; he is not interested in food or drink. His sphere of action is wide-open and unmarked, completely free. Like the path of a bird across the sky, his way is hard to trace.

། ཤར་གྱི་ཀུན་དགའ་ར་བར་ཀྡུའི་བུ་ཆེན་པོ་ལ་འོ།

༤

།ཁ་ལོ་བསྒྱུར་བས་ལེགས་དུལ་རྟ་བཞིན་དུ། །གང་གི་དབང་པོ་རྣམས་ནི་ཞི་གྱུར་ཅིང་། །ང་རྒྱལ་སྤངས་ཤིང་ཟག་པ་ཟད་བྱས་པ། །ལྷ་ཡང་དེ་ལ་སྨོན་པ་དེ་ལྟ་ཉིད།།

༥

།ས་གཞི་བཞིན་དུ་རྣམ་པར་མི་འགོག་སྟེ། །དབང་པོའི་ཕུར་བ་བཞིན་དུ་བརྟུལ་ཞུགས་བརྟན། །རྫིང་བུ་བཞིན་དུ་རྙོག་པ་དང་བྲལ་བ། །དེ་འདྲ་དག་ནི་འཁོར་བར་མི་འགྱུར་རོ།།

། རྒྱལ་བྱེད་ཚལ་དུ་སྐར་རྒྱལ་ལ་འོ།

༦

།དེ་ཡི་ཡིད་ནི་ཞི་གྱུར་ཅིང་། །ངག་དང་ལུས་ཀྱང་ཞི་བར་གྱུར། །ཡང་དག་ཤེས་པས་རྣམ་གྲོལ་བའི། །ཉེ་བར་ཞི་བ་དེ་འདྲ་ཉིད།།

༧

།མི་གང་མོས་པ་མེད་པ་དང་། །མ་བྱས་པ་ཤེས་མཚམས་སྦྱོར་ཆད། །གནས་སྐབས་ཞེན་པ་བྲལ་གྱུར་བ། །དེ་ནི་སྐྱེས་བུ་མཆོག་ཡིན་ནོ།།

། རྒྱལ་བྱེད་ཚལ་དུ་ནམ་གྲུ་ལ་འོ།

༨

།ཁྱིམ་མམ་ཡང་ན་ནགས་ཚལ་ལམ། །མཐོ་འམ་འོན་ཏེ་ཐང་ཡང་རུང་། །གང་ན་དགྲ་བཅོམ་བཞུགས་པ་ཡི། །ས་ཕྱོགས་དེ་ནི་ཉམས་སུ་དགའ།།

Spoken in the Eastern Grove concerning Mahākātyāyana:

5

The senses of the Arhat have been calmed, like well-trained horses quieted by a charioteer. The Arhat has abandoned pride and extinguished the passions, so that even the gods wish to be like him.

6

The Arhat is as firm as the earth's foundations; firm in his spiritual practice, he is like a blade of tempered steel. Clear and undisturbed as a deep pond, such a being is not bound to the world.

Spoken in the Jetavana Grove to Tiṣya:

7

Quiet is the mind, quiet the body and speech. Completely freed by genuine knowing, such a being is truly at peace.

8

The Arhat is without ambition—he knows the uncreated. He has severed the links of embodiment and is free from longing, free from place or position. This is the best of men.

Spoken in the Jetavana Grove concerning Revata:

9

Wherever an Arhat dwells is a place of delight—be it lake, field or valley, town or forest.

༡༠

།གང་དུ་སྐྱེ་བོ་མི་དགའ་བའི། །དགོན་པ་རྣམས་ནི་ཉམས་དགའ་སྟེ། །འདོད་པ་རྗེས་སུ་མི་འཚོལ་བའི། །འདོད་ཆགས་བྲལ་བ་དེ་རྣམས་དགའ།། །།

།དགྲ་བཅོམ་པའི་སྡེ་ཚན་ཏེ། །ལེའུ་བདུན་པའོ།།

10

Arhats do not seek desire, but delight in freedom from attachment. They find joy in the wilderness, where others find no pleasure.

།སྟོང་ཕྲག་གི་སྡེ་ཚན།

།འོད་མའི་ཚལ་དུ་འོ།

༡

།དོན་མེད་ཚིག་རྣམས་བསགས་བྱས་པའི། །སྨྲ་བ་སྟོང་ཕྲག་དག་ལས་ཀྱང་། །གང་ཞིག་ཐོས་ན་ཉེར་ཞི་བའི། །དོན་ལྡན་ཚིག་གཅིག་མཉན་པ་མཆོག།

༢

།དོན་མེད་ཚིག་རྣམས་བསགས་བྱས་པའི། །ཚིགས་སུ་བཅད་པ་སྟོང་ཕྲག་ལས། །གང་ཞིག་ཐོས་ན་ཉེར་ཞི་བའི། །ཚིགས་བཅད་རྐང་གཅིག་མཉན་པ་མཆོག།

༣

།གང་གིས་དོན་མེད་ཚིག་བསགས་པའི། །ཚིགས་བཅད་བརྒྱ་ཕྲག་འདོན་པ་བས། །གང་ཞིག་ཐོས་ན་ཉེར་ཞི་བའི། །ཆོས་ཀྱི་ཚིགས་བཅད་གཅིག་ཙམ་མཆོག།

༤

།སྟོང་ཕྲག་སྟོང་གི་མི་རྣམས་ནི། །གང་གིས་གཡུལ་དུ་ཕམ་པ་བས། །བདག་ཉིད་གཅིག་པུ་ཕམ་བྱས་པ། །དེ་ནི་གཡུལ་ལས་རྒྱལ་བའི་མཆོག།

Thousands

Spoken in the Bamboo Grove:

1

Better than a meaningless statement of a thousand words is a single word of deep meaning which, when heard, produces peace.

2

Better than a thousand verses that pile up meaningless remarks is a single verse of deep meaning which, when heard, produces peace.

3

Better than reciting a hundred verses that have no meaning is reciting one verse of the Dharma which, when heard, produces peace.

4

The one who has conquered himself is a far greater hero than the one who has defeated a thousand times a thousand men.

༥

།སྐྱེས་བུ་དུལ་བའི་བདག་ཉིད་ཅན། །རྟག་ཏུ་བསྡམ་སྟེ་རྒྱུ་བ་ལ། །བདག་ཉིད་ཕམ་པ་
མཆོག་ཡིན་གྱིས། །སྐྱེ་རྒུ་གཞན་དག་ཕམ་པས་ཅི།།

༦

།ལྷ་ཡིས་མ་ཡིན་དྲི་ཟས་མིན། །བདུད་དང་ཚངས་པ་བཅས་པས་མིན། །དེ་ལྟའི་ངང་
ཚུལ་དང་ལྡན་པའི། །རྒྱལ་བའི་སྐྱེས་བུ་ཕམ་པ་མེད།།

།འོད་མའི་ཚལ་དུ་ཤཱ་རིའི་བུ་ལ་འོ།

༧

།སྟོང་ཕྲག་ཟླ་བ་ཟླ་བ་ལ། །མཆོད་སྦྱིན་བརྒྱ་ཕྲག་བྱེད་པ་དང་། །གང་གིས་བསྒོམས་པའི་
བདག་ཉིད་ཅན། །སྐད་ཅིག་ཙམ་ཡང་མཆོད་བྱེད་ན། །སྦྱིན་སྲེག་ལོ་བརྒྱ་བྱས་པ་བས།
།མཆོད་པ་དེ་ཉིད་མཆོག་ཏུ་འགྱུར།།

༨

།གང་ཞིག་ལོ་ནི་བརྒྱ་ཕྲག་བར། །ནགས་སུ་མེ་ལ་མཆོད་པ་དང་། །གང་གིས་
བསྒོམས་པའི་བདག་ཉིད་ཅན། །སྐད་ཅིག་ཙམ་ལ་མཆོད་བྱེད་ན། །སྦྱིན་སྲེག་ལོ་བརྒྱ་
བྱས་པ་བས། །མཆོད་པ་དེ་ཉིད་མཆོག་ཏུ་འགྱུར།།

5

Beings who have mastered themselves move always with restraint. How much better to conquer oneself than to conquer a host of others!

6

Neither the gods nor the gandharvas, neither Māra nor Brahma, can defeat those of disciplined character who have mastered themselves.

Spoken in the Bamboo Grove to Śāriputra:

7

Better than making hundreds of offerings for thousands of months in a row is a single moment of honor paid to the master of meditation. Such respect is better by far than a hundred years of making sacrifices.

8

Better than a hundred years in the forest tending the sacrificial fire is a single moment of honor paid to a master of meditation. Such respect is better by far than a hundred years of making sacrifices.

།འོད་མའི་ཚལ་དུ་བྲམ་ཟེ་ལ་འོ།

༩

།གང་ཞིག་བསོད་ནམས་བལྟ་བས་འཇིག་རྟེན་དུ། །འཕྲུད་འཁོར་ལོ་ལ་མཆོད་ཅིང་སྦྱིན་བྱེད་པ། །དེ་ཀུན་བཞི་ཆ་ཙམ་ཡང་མི་ཕོད་པའི། །དྲང་པོར་གཤེགས་ལ་བསྙེན་བཀུར་ཆེ་ཆེར་ལེགས།།

།ནགས་ཀྱི་གཙུག་ལག་ཁང་དུ་རྒྱལ་བུ་རིང་པོ་ལ་འོ།

༡༠

།རྟག་ཏུ་རྒན་རབས་ལ་གུས་ཤིང་། །ཞི་ས་སྨྲ་པའི་ཚུལ་ཅན་ལ། །ཚེ་དང་མདངས་དང་བདེ་བ་སྟོབས། །ཆོས་བཞི་དག་ནི་འཕེལ་བར་འགྱུར།།

།རྒྱལ་བྱེད་ཚལ་དུ་དགེ་ཚུལ་ལ་འོ།

༡༡

།ཚུལ་འཆལ་མཉམ་པར་མི་འཇོག་པ། །ལོ་བརྒྱ་དག་ཏུ་འཚོ་བ་ལས། །ཚུལ་ཁྲིམས་ལྡན་པའི་བསམ་གཏན་པ། །ཉི་མ་གཅིག་ལ་འཚོ་བ་མཆོག།

༡༢

།ཤེས་འཆལ་མཉམ་པར་མི་འཇོག་པ། །ལོ་བརྒྱ་དག་ཏུ་འཚོ་བ་ལས། །ཤེས་རབ་ཅན་གྱི་བསམ་གཏན་པ། །ཉི་མ་གཅིག་ལ་འཚོ་བ་མཆོག།

༡༣

།བརྩོན་འགྲུས་དམན་ཅིང་ལེ་ལོ་ཅན། །ལོ་བརྒྱ་དག་ཏུ་འཚོ་བ་ལས། །བརྩོན་འགྲུས་རྩོམ་པའི་བརྟན་པ་ཅན། །ཉི་མ་གཅིག་ལ་འཚོ་བ་མཆོག།

Spoken in the Bamboo Grove to the brahmins:

9

Making offerings and giving gifts for a whole year with an eye to gaining merit in this world, cannot begin to match the finer offering of reverence for the righteous.

Spoken in the Naḍa temple concerning Prince Dīghāvu:

10

For those who show courtesy and respect to elders, four things will increase: long life, beauty, happiness, and strength.

Spoken in the Jetavana Grove concerning a novice:

11

A life of only a single day spent in virtuous meditation is better than living a hundred years unbalanced and immoral.

12

A life of only a single day spent in meditation conjoined with wisdom is better than living a hundred years unbalanced and confused.

13

A life of only a single day spent in firm commitment and effort is better than living a hundred years lazy and confused.

༡༤

།སྐྱེ་ཞིང་ཟད་པ་མི་ཤེས་པ། །ལོ་བརྒྱ་དག་ཏུ་འཚོ་བ་ལས། །སྐྱེ་ཞིང་ཟད་པ་ཤེས་པ་ནི།
།ཉི་མ་གཅིག་ལ་འཚོ་བ་མཆོག།

༡༥

།བདུད་རྩིའི་གོ་འཕང་མ་མཐོང་བར། །ལོ་བརྒྱ་དག་ཏུ་འཚོ་བ་ལས། །བདུད་རྩིའི་
གོ་འཕང་མཐོང་བ་ནི། །ཉི་མ་གཅིག་ལ་འཚོ་བ་མཆོག།

༡༦

།ཆོས་ཀྱི་མཆོག་ནི་མ་མཐོང་བར། །ལོ་བརྒྱ་དག་ཏུ་འཚོ་བ་ལས། །ཆོས་ཀྱི་མཆོག་ནི་
མཐོང་བ་ཡིས། །ཉི་མ་གཅིག་ལ་འཚོ་བ་མཆོག། །།

།སྟོང་ཕྲག་གི་སྡེ་ཚན་ཏེ། །ལེའུ་བརྒྱད་པའོ།།

14

A life of only a single day spent in awareness of birth and death is better than living a hundred years oblivious to birth and destruction.

15

A life of only a single day seeing the way of immortality is better than living a hundred years without a glimpse of immortality.

16

A life of only a single day seeing the excellent Dharma is better than living a hundred years without a glimpse of the Dharma.

།སྡིག་པའི་སྡེ་ཚན།

།རྒྱལ་བྱེད་ཚལ་དུ་བྲམ་ཟེ་ལའོ།

༡

།དགེ་བའི་ཕྱོགས་སུ་བྲེལ་བར་བྱ། །སྡིག་པ་ལས་ནི་སེམས་བཟློག་བྱ། །བསོད་ནམས་བྱེད་ལ་ཕྱི་བཤོལ་ན། །ཡིད་ནི་སྡིག་ལ་དགའ་བར་འགྱུར།།

༢

།སྐྱེས་བུས་བཀྱ་ལ་སྡིག་བྱས་ཀྱང་། །ཡང་དང་ཡང་དུ་དེ་མི་བྱ། །དེ་ལ་འདུན་པར་མི་བྱ་སྟེ། །བསགས་པའི་སྡིག་པ་སྡུག་བསྔལ་ཉིད།།

༣

།སྐྱེས་བུས་བསོད་ནམས་བྱེད་པ་ན། །ཡང་དང་ཡང་དུ་དེ་དག་བྱ། །དེ་ལ་འདུན་པར་བྱ་བ་སྟེ། །དགེ་བའི་ཕུང་པོ་བདེ་བ་ཉིད།།

།རྒྱལ་བྱེད་ཚལ་དུ་མགོན་མེད་ཟས་སྦྱིན་ལའོ།

༤

།ཇི་སྲིད་སྡིག་པ་སྨིན་གྱི་བར། །སྡིག་ཅན་ཡིན་ཡང་བཟང་པོར་མཐོང་། །གང་ཚེ་སྡིག་པ་སྨིན་གྱུར་པ། །དེའི་ཚེ་སྡིག་པ་ཅན་རྣམས་མཐོང་།།

Evil

Spoken in the Jetavana Grove concerning a brahmin:

1

Direct your mind toward virtue and turn your mind from wickedness. If you turn aside from the practice of virtue, the mind will look for its pleasure in sin.

2

You may have made hundreds of mistakes in the past, but do not repeat them again and again. Do not yearn for your old ways of acting: Misery is the outcome of sin.

3

If your actions are producing merit, repeat them again and again. Set your heart on virtue: Virtue's outcome is delight.

Spoken in the Jetavana Grove concerning Anāthapiṇḍada:

4

The evildoer may appear to be good before the harmful act matures. But when the deed has ripened, then the wicked are revealed.

༥

།ཇི་སྲིད་བཟང་པོ་སྨིན་གྱི་བར། །བཟང་པོ་ཡིན་ཡང་སྡིག་པར་མཐོང་། །གང་ཚེ་བཟང་པོ་སྨིན་གྱུར་བ། །དེ་ནས་བཟང་པོ་རྣམས་མཐོང་འགྱུར།།

༦

།བདག་ལ་དེ་ཡིས་ཅི་གནོད་ཅེས། །སྡིག་པ་ལ་ནི་བརྙས་མི་བྱ། །ཆུ་ཡི་ཐིག་པ་བབས་པ་ཡིས། །ཆུ་བུམ་ཉིད་ཀྱང་གང་བར་འགྱུར། །ཚུང་ཟད་ཚུང་ཟད་བསགས་པ་ཡིས། །བླུན་པོ་སྡིག་པས་གང་བར་འགྱུར།།

༧

།བདག་ལ་དེ་ཡིས་ཅི་ཕན་ཅེས། །བསོད་ནམས་ལ་ནི་བརྙས་མི་བྱ། །ཆུ་ཡི་ཐིག་པ་འབབ་པ་ཡིས། །ཆུ་བུམ་ཉིད་ཀྱང་གང་བར་འགྱུར། །ཚུང་ཟད་ཚུང་ཟད་བསགས་པ་ཡིས། །མཁས་པས་བསོད་ནམས་རྫོགས་པར་འགྱུར།།

།རྒྱལ་བྱེད་ཚལ་དུ་ཚོང་པ་ལ་འོ།

༨

།ནོར་ཆེན་ཚོང་པ་གྲོགས་ཉུང་བ། །འཇིགས་པའི་ལམ་ལས་བྱོལ་བ་དང་། །འཚོ་འདོད་རྣམས་ཀྱིས་དུག་སྤོང་བཞིན། །སྡིག་པ་རྣམས་ནི་ཡོངས་སུ་སྤོངས།།

།འོད་མའི་ཚལ་དུ་འོ།

༩

།ལག་པ་རྨ་དང་མི་ལྡན་ན། །དུག་ནི་ལག་པས་འཛིན་དུ་རུང་། །རྨ་མེད་པ་ལ་དུག་མི་འཇུག །མ་བྱས་པ་ལ་སྡིག་པ་མེད།།

5

The good may appear to be evil before the good act matures. But when the deed has ripened, then the good are revealed.

6

Do not think lightly of evil. If you think: "What harm in this? Surely no harm will come to me," consider how a water jar is filled by falling drops of water. The fool becomes filled with depravity, accumulated little by little.

7

Do not think lightly of merit. If you think: "What benefit in this? Surely no merit will come to me," consider how a water jar is filled by falling drops of water. And so the wise accomplish merit, accumulated little by little.

Spoken in the Jetavana Grove concerning a merchant:

8

Completely avoid all wrongdoing, just as a wealthy merchant with few companions avoids a dangerous road, and just as those who love life avoid poison.

Spoken in the Bamboo Grove:

9

When your hands are free of cuts, you can handle poison safely. Poison will not enter where there is no break—if you do nothing wrong, you will do no harm.

།རྒྱལ་བྱེད་ཚལ་དུ་འོ།

༡༠

།རྣམ་དག་བསྙད་ཀ་མེད་པའི་སྐྱེས་བུ་དང་། །ཉེས་ཆུང་མི་ལ་སུ་ཡིས་གནོད་བྱས་པ། །རྫི་ཕྱོགས་ལོག་སྟེ་རྡུལ་ཕྲན་གཏོར་བ་བཞིན། །བླུན་པོ་རང་གིས་སྡིག་དེ་སླར་འཕྲོབ་འགྱུར།།

།སྐར་རྒྱལ་ལ་འོ།

༡༡

།ཁ་ཅིག་མངལ་དུ་སྐྱེ་བར་འགྱུར། །སྡིག་པའི་ལས་ཅན་དམྱལ་བར་སྐྱེ། །ལེགས་པར་བྱེད་རྣམས་མཐོ་རིས་བགྲོད། །ཟག་པ་ཟད་པ་མྱ་ངན་འདའ།།

།དགེ་སློང་གསུམ་ལ་འོ།

༡༢

།གང་དུ་སྡིག་པའི་ལས་ཀྱིས་མི་ཚུགས་པའི། །ས་ཕྱོགས་དེ་ནི་ཡོད་པ་མ་ཡིན་ཏེ། །བར་སྣང་ལ་མེད་རྒྱ་མཚོའི་དབུས་སུ་མེད། །རི་བོའི་སུལ་དང་བྲག་གི་ཁོངས་སུ་མེད།།

།ནྱ་གྲོ་དྷའི་དགོན་པར་ལེགས་པར་རབ་སད་ལ་འོ།

༡༣

།གང་དུ་གནས་ན་འཆི་བས་མི་ཚུགས་པའི། །ས་ཕྱོགས་དེ་ནི་ཡོད་པ་མ་ཡིན་ཏེ། །བར་སྣང་ལ་མེད་རྒྱ་མཚོའི་དབུས་སུ་མེད། །རི་བོའི་སུལ་དང་བྲག་གི་ཁོངས་སུ་མེད།། །།

།སྡིག་པའི་སྡེ་ཚན་ཏེ། །ལེའུ་དགུ་པའོ།།

Spoken in the Jetavana Grove:

10

Whoever harms the harmless or oppresses the innocent and just is like a fool tossing dust into the wind–his wrongdoing will fly back in his face.

Spoken concerning Tiṣya:

11

Some will be reborn from a womb; those who do wrong will be born in hell; those who do good will pass to the higher realms; those who destroy all impurities will pass from sorrow.

Spoken to the three groups of monks:

12

Where can we go where our sins will not touch us? No place on earth–no place at all. Not in the sky, not in the midst of the sea, not in the rocky clefts of mountains.

Spoken concerning Suprabuddha at Nyagrodha Park:

13

Where on this earth will death not touch us? No place on earth–no place at all. Not in the sky, not in the midst of the sea, not in the rocky clefts of mountains.

།ཚད་པའི་སྐྱེ་ཚན།

།རྒྱལ་བྱེད་ཚལ་དུ་དྲུག་སྡེ་ལ་གསུངས་པ།

༡

།ཚད་པ་ལ་ནི་ཐམས་ཅད་སྡུག ། །འཆི་བ་ལ་ནི་ཐམས་ཅད་འཇིགས། །རང་ཉིད་ལ་ནི་དཔེ་ཡོངས་ལ། །བརྡེག་པར་མ་བྱེད་གསོད་མ་བྱེད།།

༢

།ཚད་པ་ལ་ནི་ཐམས་ཅད་སྡུག ། །གསོན་པ་ལ་ནི་ཐམས་ཅད་དགའ། །རང་ཉིད་ལ་ནི་དཔེ་ཡོངས་ལ། །བརྡེག་པར་མ་བྱེད་གསོད་མ་བྱེད།།

༣

།རང་གི་བདེ་བ་བཙལ་ནས་ནི། །བདེ་བ་འདོད་པའི་མི་རྣམས་ལ། །ཚད་པ་གཙོད་པར་བྱེད་པ་དེ། །ཕྱི་མར་བདེ་བ་འཐོབ་མི་འགྱུར།།

༤

།རང་གི་བདེ་བ་བཙལ་ནས་ཀྱང་། །བདེ་བ་འདོད་པའི་མི་རྣམས་ལ། །ཚད་པ་གཙོད་པར་མི་བྱེད་ན། །ཕྱི་མར་བདེ་བ་འཐོབ་པར་འགྱུར།།

Punishment

Spoken in the Jetavana Grove concerning the band of six monks:

1

All beings fear punishment; all fear death. If you take yourself as the measure, you will never harm, you will never kill.

2

All beings fear punishment; all love life. If you take yourself as the measure, you will never harm, you will never kill.

3

If in seeking happiness you bring harm to others who also seek to be happy, in the future you will never be happy.

4

If in seeking happiness you never harm others who also seek to be happy, in the future happiness will come to you.

།རྒྱལ་བྱེད་ཚལ་དུ་འོ།

༥

།ཚིག་རྩུབ་ཅི་ཡང་སྨྲ་མི་བྱ། །ཁྱོད་ལ་སྨྲས་པའི་ལན་སློག་འགྱུར། །ཁ་འཁྲུལ་གཏམ་ནི་སྡུག་བསྔལ་ཉིད། །ཁྱོད་ལ་དབྱུག་པ་སླར་རེག་འགྱུར།།

༦

།འོན་ཏེ་སྣད་པའི་འཁར་བ་བཞིན། །རང་གིས་ཅི་ཡང་མི་སྒྲ་ན། །མྱ་ངན་འདས་པ་འདི་ཡིས་འཐོབ། །བཀྱལ་བའི་ཚིག་དག་ཡོད་མ་ཡིན།།

།ཤར་གྱི་ནགས་སུ་ས་ག་མ་ལ་འོ།

༧

།ཇི་ལྟར་ཕྱུགས་རྫིས་དབྱུག་པ་ཡིས། །ཕྱུགས་རྣམས་ལྷས་སུ་འདེད་བྱེད་པ། །དེ་བཞིན་སྲོག་ཆགས་རྣམས་ཀྱི་ཚེ། །རྒ་དང་འཆི་བས་འདེད་པར་འགྱུར།།

།འོད་མའི་ཚལ་དུ་ཡི་དྭགས་ལ་འོ།

༨

།འོན་ཀྱང་སྡིག་པའི་ལས་བྱས་པ། །བྱིས་པ་དག་ནི་མི་ཤེས་ཏེ། །བློ་ངན་རང་གི་ལས་རྣམས་ཀྱིས། །མེ་ཡིས་ཚིག་པ་བཞིན་དུ་གདུང་།།

།འོད་མའི་ཚལ་དུ་འོ།

༩

།གང་གིས་ཆད་པ་མི་འོས་པའི། །ཉེས་མེད་ཆད་པས་གཙོད་བྱེད་པ། །གནས་སྐབས་བཅུ་པོ་གང་རུང་ལ། །ངེས་པར་མྱུར་དུ་འགྲོ་བ་སྟེ།།

Spoken in the Jetavana Grove:

5

Never speak harsh words, for you will be answered in kind. Senseless talk brings suffering, for it is thrown right back to you.

6

But if you stay like a broken gong and never speak a word, the cycle of idle talk will break, and you will pass from sorrow.

Spoken to Viśākhā in the East Park:

7

As a cowherd drives his herd to the enclosure with his staff, so are all living creatures driven by old age and death.

Spoken in the Bamboo Grove concerning the pretas:

8

Although a fool may not recognize the evil he has wrought, his wicked mind will cause him torment, burning him like a raging fire.

Spoken in the Bamboo Grove:

9

Punishing the innocent, those not deserving punishment, will quickly get you retribution in the guise of these ten states:

༡༠

། རྩུབ་མོའི་ཚོར་བས་ཟིལ་ནོན་དང་། ། ལུས་ནི་དུམ་བུར་ཆད་པ་དང་། ། སྡི་བའི་གནོད་པ་འབྱུང་བ་འམ། ། སེམས་ནི་རབ་ཏུ་འཁྲུགས་པ་འཐོབ། །

༡༡

། རྒྱལ་པོ་ཡིས་ནི་ཉམས་ང་དང་། ། ཡང་ན་མི་ཁ་དྲག་པོ་སྟེ། ། གཉེན་རྣམས་ཡོངས་སུ་འཛད་པ་འམ། ། ལོངས་སྤྱོད་དག་ནི་རབ་ཏུ་འཛིག ། །

༡༢

། འོན་ཏེ་ཡང་ན་འདི་ཡི་ཁྱིམ། ། མེ་དང་གློག་གིས་ཚིག་འགྱུར་ཞིང་། ། ཤེས་རབ་འཆལ་བ་ལུས་ཞིག་ནས། ། དེ་ནི་དམྱལ་བ་ཉིད་དུ་སྐྱེ། །

། རྒྱལ་བྱེད་ཚལ་དུ་འོ། །

༡༣

། གཅེར་བུར་འགྲོ་དང་རལ་བ་འདྲས་ཛབ་དང་། ། ཁ་ཟས་མི་ཟ་ཐང་ལ་ཉལ་བ་དང་། ། རྡུལ་གྱིས་གཡོགས་དང་ཙོག་བུའི་སྤྱོད་པ་ཡིས། ། འདོད་ཞེན་མ་བརྒལ་མི་ནི་དག་མི་འགྱུར། །

༡༤

། རྒྱན་གྱིས་བརྒྱན་པར་གྱུར་ཀྱང་ཆོས་སྤྱོད་ཅིང་། ། དུལ་ཞིང་ཡང་དག་སྡོམ་ལྡན་ཚངས་པར་སྤྱོད། ། འབྱུང་པོ་ཀུན་ལ་ཆད་པ་སྤངས་པ་དེ། ། དགེ་སློང་དགེ་སྦྱོང་དེ་ཡིན་བྲམ་ཟེའང་དེ། །

10

You will be oppressed and badly stricken, your body broken and ravaged; you will be weighed down with heavy afflictions, your mind sorely shaken.

11

Your ruler will cause you to suffer; you will be slandered and wrongly accused; your relatives will be lost to you, and your wealth and enjoyment destroyed.

12

Lightning will strike your dwelling, and a fire consume your home. With your knowledge lost, when your body goes, you are sure to be born in hell.

Spoken in the Jetavana Grove:

13

Going naked, wearing matted hair, fasting or sleeping on the ground, covering your body with dust, or performing great austerities–none of these will remove your desires, none of these will make you pure.

14

If your actions are pure and controlled, committed to good action and self-restraint; if you have ceased to harm any living creature, you are a spiritual being, a brahmin, a monk, though you may be richly attired.

༡༥

།གང་ཞིག་རྟ་བཟང་ལྕགས་ལ་བཞིན། །སྨད་པ་རབ་ཏུ་མི་རྟོགས་པ། །ངོ་ཚས་དགག་པའི་སྐྱེས་བུ་ནི། །འཇིག་རྟེན་ན་ནི་འགའ་ཡོད་དམ།།

༡༦

།སྤྲོབས་པ་ལྡན་ཞིང་ཡང་དག་རིག་རྒྱུར་ཅིང་། །དད་པ་ཚུལ་ཁྲིམས་དང་ནི་བརྩོན་འགྲུས་དང་༏ །ཏིང་ངེ་འཛིན་དང་ཆོས་ལ་ངེས་པ་ཡིས། །རྟ་མཆོག་ལྕགས་ཀྱིས་གཞུས་པ་ཇི་བཞིན་དུ། །རིག་དང་ཞབས་ལྡན་སོ་སོར་དྲན་ལྡན་རྣམས། །མི་ཆུང་སྡུག་བསྔལ་འདི་ནི་རབ་སྤོང་བྱ།།

༡༧

།ཡུར་བ་མཁན་གྱིས་ཆུ་འདྲེན་ཅིང་། །མདའ་མཁན་རྣམས་ནི་སྨྱུག་མ་བསྲང་། །ཤིང་མཁན་རྣམས་ཀྱིས་ཤིང་འདྲོངས་ཏེ། །བརྟུལ་ཞུགས་བཟང་རྣམས་བདག་ཉིད་འདུལ།། །།

།ཆད་པའི་སྐྱེ་ཚན་ཏེ། །ལེའུ་བཅུ་པའོ།།

15

Are there any in the world whose modesty allows them to bear indignity like fine horses bear the touch of the whip?

16

Step forth with judgment and confidence like a great horse touched by a whip. With faith, morality, and effort, with certainty of the Dharma and concentration, with mindfulness, perfect conduct, and surefooted knowledge, one can throw off great sorrow.

17

Farmers direct the stream; archers straighten the arrow's shaft; carpenters shape the wood; the spiritual work on themselves.

།གནས་པའི་སྐྱེ་ཚན།

།རྒྱལ་བྱེད་ཚལ་དུ་འོ།

༡

།རྟག་ཏུ་རབ་ཏུ་འབར་བ་ལ། །ཅི་ལ་བགོད་ཅིང་ཅི་ལ་དགའ། །མུན་པས་ཀུན་ནས་གཡོགས་པ་ཁྱོད། །སྒྲོན་མེ་འཚོལ་བར་མི་བྱེད་དམ།།

༢

།ལྟོས་ཤིག་རྣམ་པ་སྣ་ཚོགས་གཟུགས། །རྨ་ཡིས་ལུས་ནི་རབ་བསླང་པ། །ནད་པ་ཀུན་རྟོག་མང་པོ་ཅན། །གང་ལ་བརྟན་པའི་གནས་མ་མཆིས།།

།རྒྱལ་བྱེད་ཚལ་དུ་འོ།

༣

།གཟུགས་ནི་ཡོངས་སུ་རྙས་གྱུར་ཅིང་། །ནད་ཀྱི་ཚང་སྦྱེ་ཡང་ང་བ། །རྣག་གི་ཕུང་པོ་འདི་ཞིག་ནས། །གསོན་པའི་མཐའ་མར་འཆི་བ་ཉིད།།

།རྒྱལ་བྱེད་ཚལ་དུ་འོ།

༤

།གང་འདི་རྣམས་ནི་སྟོན་ཀ་ཡི། །ཀུ་བ་བཞིན་དུ་འཐོར་གྱུར་པའི། །རུས་པ་དུ་བའི་མདོག་ཅན་དེ། །དེ་རྣམས་མཐོང་ན་དགའ་བ་ཅི།།

Old Age

Spoken in the Jetavana Grove:

1

How can there be joy, how laughter, when everything is burning fiercely? When you are shrouded in darkness, will you not seek for a lamp?

2

Look at this body, a ramshackle structure, bloated and festering with sores. Full of disease and misconceptions–how can this be a dependable home?

Spoken in the Jetavana Grove:

3

This body grows old and becomes the abode of disease and anguish, a mass of corruption subject to decay. And at the end of this life is death.

Spoken in the Jetavana Grove:

4

What joy is there to look upon these bones the color of faded flowers, scattered like dried gourds in the autumn?

།རྒྱལ་བྱེད་ཚལ་དུ་གཟུགས་དགའ་མ་ལ་འོ།

༤

།ཤ་དང་ཁྲག་གི་འདམ་བྱུགས་པའི། །རུས་པའི་གྲོང་ཁྱེར་བྱས་པ་དེར། །རྒ་བ་དང་ནི་འཆི་བ་དང་། །ང་རྒྱལ་དང་ནི་བསླུ་བྲིད་གནས།།

།རྒྱལ་བྱེད་ཚལ་དུ་ལྷ་མོ་མལླི་ཀ་ལ་འོ།

༥

།རྒྱལ་པོའི་ཤིང་རྟ་ཁྲ་བོ་རྙིང་བར་འགྱུར། །འོན་ཏེ་ཡང་ན་ལུས་ཀྱང་རྒ་བར་འགྱུར། །དམ་པ་རྣམས་ཀྱི་ཆོས་ནི་རྒ་མི་འགྱུར། །ཚིག་ཤེས་དམ་པའི་དངོས་པོར་རབ་ཏུ་བསྟན།།

།རྒྱལ་བྱེད་ཚལ་དུ་འཚེར་ཀ་དམར་པོ་ལ་འོ།

༦

།ཐོས་པ་ཆུང་བའི་སྐྱེས་བུ་ནི། །བ་ལང་བཞིན་དུ་རྒས་གྱུར་ཏེ། །དེ་ཡི་ཤ་རྣམས་འཕེལ་གྱུར་ཀྱང་། །དེ་ཡི་ཤེས་རབ་འཕེལ་མ་གྱུར།།

༧

།འཁོར་བའི་སྐྱེ་བ་དུ་མ་རུ། །ངལ་གསོ་མེད་ཅིང་མཚམས་མེད་པར། །ཁྱིམ་གྱི་བྱེད་པོ་འཚོལ་བ་ན། །ཡང་ཡང་སྐྱེ་བ་སྡུག་བསྔལ་གྱུར།།

༨

།ཁྱིམ་གྱི་བྱེད་པོ་ཁྱོད་ནི་མཐོང་། །སླན་ཆད་ཁྱོད་ནི་ཁྱིམ་མི་བྱེད། །ཁྱོད་ཀྱི་རྩིབས་ལོགས་རྣམས་ནི་བཅག། །ཁྱིམ་གྱི་ཐོག་ནི་བཤིག་པར་བྱས། །འདུས་མ་བྱས་ལ་བགྲོད་པའི་སེམས༑ །སྲིད་པ་ཟད་པ་འཐོབ་པར་འགྱུར།།

Spoken in the Jetavana Grove to Rūpanandā:

5

Here is a citadel made of bones, plastered with flesh and blood–domain of old age and death, home of pride and deceit.

Spoken in the Jetavana Grove concerning the goddess Mallikā:

6

Just as the chariot of the king grows old, so does the body age. But the teaching of the holy ones never grows old–for they reveal the truth directly.

Spoken in the Jetavana Grove concerning Lāludāyi:

7

The one with little understanding grows old just like an ox. He may put on flesh, but his wisdom never increases.

8

Caught in the round of existence, without rest, without break, for many births, I sought for the Builder–and took miserable birth again and again.

9

But now I have seen you, the Builder! Henceforth you will build no more–the walls are broken, the roof is destroyed, the mind which traverses the uncompounded has obtained the extinction of desire.

།དྲང་སྲོང་ལྷུང་བར་རོ།

༡༠

།ཚངས་པར་སྤྱོད་པ་མ་སྤྱད་ཅིང་། །གཞོན་དུས་ནོར་ནི་མ་རྙེད་པ། །ཉ་རྣམས་ཟད་པའི་རྫིང་བུ་ན། །ཆུ་སྐྱར་རྒན་པོ་བཞིན་དུ་འཆི།།

༡༡

།ཚངས་པར་སྤྱོད་པ་མ་སྤྱད་ཅིང་། །གཞོན་དུས་ནོར་ནི་མ་རྙེད་པ། །ཟད་ཅིང་ཆག་པའི་གཞུ་བཞིན་དུ། །སྔོན་གྱི་རྗེས་སུ་འགྱོད་པར་འགྱུར།། ༎

།རྒས་པའི་སྡེ་ཚན་ཏེ། །ལེའུ་བཅུ་གཅིག་པ་འོ།།

Spoken at Ṛṣipatana

10

If you do not live a spiritual life, if you do not obtain real riches when young, you will die like an old waterfowl living in a lake without fish.

11

If you do not lead a spiritual life, if you do not obtain real riches while young, you will be like a harp which is broken and sighs for the past.

།བདག་གི་སྐྱེ་ཚན།

།ཁྲིམས་པ་གསོད་ཀྱི་རིང་རྒྱལ་བུ་ཏོགས་ལྡན་ལ་གསུངས་པ།

༡

།བདག་ཉིད་གཅེས་པར་ཞེས་ན་ཀོ། །དེ་ནི་བསྲུང་ཞིང་ལེགས་བསྲུང་བྱ། །དགོང་ཐུན་གསུམ་པོ་གང་ཡིན་ཡང་། །མཁས་པ་རྣམས་ཀྱིས་མེལ་ཚེ་བྱ།།

།རྒྱལ་བྱེད་ཚལ་དུ་ཉེར་དགའ་ལ་འོ།

༢

།ཐོག་མར་བདག་ཉིད་ཁོ་ན་ཡིས། །ཚུལ་དང་མཐུན་པར་འཇུག་བྱ་སྟེ། །དེ་ནས་གཞན་ལ་བསླབ་པར་བྱ། །མཁས་པ་རྣམས་ནི་ཉོན་མི་མོངས།།

།སྐར་རྒྱལ་ལ་འོ།

༣

།ཇི་ལྟར་གཞན་ལ་གདམས་བྱས་པ། །དེ་ལྟར་རང་ཉིད་ཀྱིས་ཀྱང་བྱ། །བདག་ཉིད་དུལ་ན་གཞན་རྣམས་འདུལ། །བདག་ཉིད་ཁོ་ན་གདུལ་བར་དཀའ།།

།འོད་སྲུང་གཞོན་ནུའི་མ་ལ་གསུངས་པ།

༤

།བདག་ཉིད་བདག་གི་མགོན་ཡིན་གྱི། །གཞན་ལྟ་སུ་ཞིག་མགོན་དུ་འགྱུར། །བདག་ཉིད་ཁོ་ན་ལེགས་དུལ་ན། །རྙེད་པར་དཀའ་བའི་མགོན་བརྙེད་འགྱུར།།

The Self

Spoken in Śiśumāragiri to Prince Bodhi:

1

If you truly value yourself, guard yourself carefully—guard well. At least three times during the night, the wise keep vigil.

Spoken in the Jetavana Grove concerning Upananda:

2

First bring yourself into harmony with the way—when you are free from emotionality, then you are wise enough to teach others.

Spoken concerning Tiṣya:

3

Whatever advice you give to others, do the same yourself. When you have subdued yourself, then subdue the rest—the only one hard to subdue is yourself.

Spoken concerning Kāśyapakumārā:

4

You are your own protector—who else is there to protect you? When you have trained yourself well, you will find the protector who is so hard to find.

། ནག་པོ་ཆེན་པོ་ལ་འོ། །

༥

།རང་ཉིད་ཁོ་ནས་སྡིག་པ་བྱས། །རང་ལས་སྐྱེས་ཤིང་རང་ལས་བྱུང་། །རྡོ་རྗེ་ཕོག་པའི་མུ་ཏིག་བཞིན། །བློ་ངན་མངོན་པར་འཛེ་བར་བྱེད།།

། ལྷས་སྦྱིན་ལ་འོ། །

༦

།གང་ཞིག་ཤིན་ཏུ་ཚུལ་འཆལ་བ། །འཁྲི་ཤིང་གིས་བསྐོར་སཱ་ལ་བཞིན། །དགྲ་ཡིས་ཇི་ལྟར་འདོད་གྱུར་བ། །དེ་ལྟར་དེ་ཡིས་རང་ལ་བྱེད།།

།འོད་མའི་ཚལ་དུ་འོ། །

༧

།བདག་ཉིད་ལ་ནི་གནོད་འགྱུར་བའི། །ཉེས་པ་རྣམས་ནི་བྱེད་པར་སླ། །ཕན་དང་ལེགས་པ་གང་ཡིན་པ། །དེ་ནི་མཆོག་ཏུ་བྱ་བར་དཀའ།།

། རྒྱལ་བྱེད་ཚལ་དུ་འོ། །

༨

།ཆོས་ཀྱིས་འཚོ་དང་འཕགས་པ་དང་། །དགྲ་བཅོམ་རྣམས་ཀྱི་བསྟན་པ་ལ། །གང་གིས་རབ་ཏུ་སྨོད་བྱེད་པའི། །བློ་ངན་སྡིག་ལྟ་ལ་གནས་པ། །སྨྱུག་མའི་ཤིང་བཞིན་རང་ཉིད་ནི། །གསོད་པར་བྱེད་པའི་འབྲས་བུ་འབྱིན།།

Spoken concerning Mahā Kāla:

5

The harm you do arises from you, comes forth from you—and your harmful mind will crush you as a diamond crushes pearls.

Spoken concerning Devadatta:

6

The degenerate person is like a sāla tree choked with ivy. By his own actions he brings to himself just what his enemies desire.

Spoken in the Bamboo Grove:

7

It is easy to bring harm to oneself by doing harmful acts. But what is good and beneficial is very difficult to do.

Spoken in the Jetavana Grove:

8

Those hostile to the teachings of the Arhats, hostile to the saints or to those who live by the Dharma, in harboring harmful views, carry the seeds of their own destruction, like the bamboo which dies as soon as it bears its fruit.

།རྒྱལ་བྱེད་ཚལ་དུ་ནག་པོ་ཆུང་བ་ལ་འོ།

༩

།སྡིག་པ་བྱེད་པ་རང་ཉིད་དེ། །རང་ཉིད་ཁོ་ནས་ཉོན་མོངས་བྱས། །སྡིག་ལས་ལྡོག་པ་རང་ཉིད་དེ། །རང་ཉིད་ཁོ་ནས་རྣམ་པར་དག །དག་དང་མ་དག་རང་ཉིད་དེ། །གཞན་གྱིས་གཞན་ནི་དག་མི་བྱེད།།

།རྒྱལ་བྱེད་ཚལ་དུ་འོ།

༡༠

།གཞན་དོན་མང་པོའི་སླད་དུ་ཡང་། །རང་གི་དོན་ནི་བཏང་མི་བྱ། །རང་དོན་མངོན་པར་ཤེས་པ་ཡིས། །དམ་པའི་དོན་ནི་ལྷུར་བླངས་བྱ།། །།

།བདག་གི་སྡེ་ཚན་ཏེ། །ལེའུ་བཅུ་གཉིས་པའོ།།

Spoken in the Jetavana Grove concerning Kāla the younger:

9

The harm you do is your own doing; you create your emotional problems yourself. You yourself can turn from wrongdoing; only you can purify you. Pure or impure, it is yours to choose, for no one can purify another.

Spoken in the Jetavana Grove:

10

Do not give up your own benefit, even if by doing so you bring great benefit to others. When you truly understand what will help you, you will naturally turn towards the highest good.

།འཇིག་རྟེན་གྱི་སྤྱི་ཚན།

།རྒྱལ་ཁྲིད་ཚལ་དུ་འོ།

༡

།དམན་པའི་ཆོས་ནི་བསྟེན་མི་བྱ། །བག་མེད་པར་ནི་གནས་མི་བྱ། །ལོག་པའི་ལྟ་བ་བསྟེན་མི་བྱ། །འཇིག་རྟེན་འཕེལ་བར་མི་འགྱུར་བྱ།།

།ནྱ་གྲོ་དྷའི་ཀུན་དགའ་ར་བར་ཟས་གཙང་ལ་འོ།

༢

།བག་མེད་མི་བྱ་ལྡང་བར་བྱ། །ཆོས་ཀྱི་སྤྱོད་པ་བཟང་པོ་སྤྱད། །འཇིག་རྟེན་འདི་དང་གཞན་དུ་ཡང་། །ཆོས་ལ་སྤྱོད་པ་བདེ་བར་གནས།།

༣

།ཆོས་ཀྱི་སྤྱོད་པ་བཟང་པོ་སྤྱད། །ཉེས་པར་སྤྱོད་པ་དེ་མི་སྤྱད། །འཇིག་རྟེན་འདི་དང་གཞན་དུ་ཡང་། །ཆོས་ལ་སྤྱོད་པ་བདེ་བར་གནས།།

།རྒྱལ་ཁྲིད་ཚལ་དུ་འོ།

༤

།ཇི་ལྟར་ལྦུ་བ་མཐོང་བ་དང་། །ཇི་ལྟར་སྨིག་རྒྱུ་མཐོང་གྱུར་པ། །འཇིག་རྟེན་དེ་ལྟར་མཐོང་བ་རྣམས། །འཆི་བདག་རྒྱལ་པོས་མཐོང་མི་འགྱུར།།

The World

Spoken in the Jetavana Grove:

1

Do not follow teachings that are morally flawed; do not live in negligence. Do not rely on destructive views; do not increase your worldliness.

Spoken to Śuddhodana in the Nyagrodha Grove:

2

Arouse yourself, do not go heedless. Observe the good ways of Dharma practice. Act in accord with the Dharma, and you will rest easy both in this world and the next.

3

Practice the good Dharma; never do what is harmful. Act in accord with the Dharma, and you will rest easy, both in this world and the next.

Spoken in the Jetavana Grove:

4

Those who view the world as if it were like a bubble or like a mirage will not be seen by the Lord of Death.

།འོད་མའི་ཚལ་དུ་འཇིགས་མེད་ལ་འོ།

༥

།རྒྱལ་པོའི་ཤིང་རྟ་ཁྲ་བོ་བཞིན། །འཇིག་རྟེན་འདི་ཉིད་བལྟ་བ་སྤྱོན། །གང་ལ་བྱིས་པ་ཆགས་གྱུར་ཀྱང་། །ལེགས་པར་དགོངས་རྣམས་ཞེན་མ་ཡིན།།

༦

།གང་ཞིག་སྔོན་ཆད་བག་མེད་ཀྱང་། །ཕྱིས་ནས་བག་དང་ལྡན་གྱུར་པ། །སྤྲིན་ལས་གྲོལ་བའི་ཟླ་བ་བཞིན། །འཇིག་རྟེན་འདི་ན་དེ་གསལ་འགྱུར།།

།རྒྱལ་བྱེད་ཚལ་དུ་སོར་ཕྲེང་ཅན་ལ་འོ།

༧

།གང་གིས་སྡིག་པའི་ལས་བྱས་པ། །དགེ་བས་གཡོགས་པར་གྱུར་པ་དེ། །སྤྲིན་ལས་གྲོལ་བའི་ཟླ་བ་བཞིན། །འཇིག་རྟེན་འདི་ན་རབ་གསལ་འགྱུར།།

༨

།འཇིག་རྟེན་འདི་ནི་མུན་ནག་སྟེ། །འདི་ན་ཉུང་ངུ་ཙམ་གྱིས་མཐོང་། །རྒྱ་ལས་ཐར་བའི་བྱ་བཞིན་དུ། །མཐོ་རིས་ཡུལ་དུ་འགྲོ་བ་ཉུང་།།

།རྒྱལ་བྱེད་ཚལ་དུ་སྐར་རྒྱལ་ལ་འོ།

༩

།ངང་པ་ཉི་མའི་ལམ་དུ་བགྲོད། །རྫུ་འཕྲུལ་ལྡན་པ་མཁའ་ལ་འགྲོ། །སྡེ་དང་བཅས་པའི་བདུད་ཕམ་ནས། །བརྟན་པ་འཇིག་རྟེན་དག་ལས་འདའ།།

Spoken to Abhaya in the Bamboo Grove:

5

Come! Look at this world which is like the glittering chariot of the king–children are attracted to it, but not those of fine discernment.

6

Whoever has been negligent, but later becomes vigilant, is like the moon which, freed from clouds, lights up the world.

Spoken in the Jetavana Grove concerning Aṅgulimālā:

7

Whoever has done harmful actions, but later covers them with good, is like the moon which, freed from clouds, lights up the world.

8

This world is shrouded in darkness. Here, only a few can see their way free. These few birds escape from the net, and fly away to the heavens.

Spoken to Tiṣya in the Jetavana Grove:

9

Those with magical powers traverse the sky, like geese following the path of the sun. But the steadfast pass from the world altogether, after conquering Māra and his hosts.

།རྒྱལ་བྱེད་ཚལ་དུ་འོ།

༡༠

།ཆོས་གཅིག་འདའ་བར་གྱུར་པ་ཡི། །བརྫུན་ཚིག་སྨྲ་བའི་སྐྱེ་བོ་ནི། །འཇིག་རྟེན་པ་
རོལ་བརྙས་རྣམས་ཀྱིས། །མི་བྱ་བ་ཡི་སྡིག་པ་མེད།།

།རྒྱལ་བྱེད་ཚལ་དུ་འོ།

༡༡

།འཇུངས་པ་མཐོ་རིས་འཇིག་རྟེན་མི་འགྲོ་སྟེ། །བྱིས་པ་སྦྱིན་པའི་ཕན་ཡོན་བརྗོད་མི་བྱེད།
།བསྟན་པ་སྦྱིན་ལ་རྗེས་སུ་ཡིས་རངས་པ། །དེ་ཡིས་དེ་ནི་གཞན་དུ་བདེ་བར་འགྱུར།།

༡༢

།ས་སྟེང་ཡོངས་ཀྱི་རྒྱལ་སྲིད་དང་། །མཐོ་རིས་ཡུལ་ལ་བགྲོད་པ་འམ། །འཇིག་རྟེན་
ཀུན་ལ་དབང་བ་ལས། །རྒྱུན་དུ་ཞུགས་པའི་འབྲས་བུ་མཆོག། །།

།འཇིག་རྟེན་གྱི་སྡེ་ཚན་ཏེ། །ལེའུ་བཅུ་གསུམ་པ་འོ།།

Spoken in the Jetavana Grove:

10

Those who tell lies, those who transgress but a single precept, those who scoff at enlightenment, there is no harm they will not do.

Spoken in the Jetavana Grove:

11

The greedy will not find their way to the heaven realms, but those who delight in giving the Doctrine will find joy in the life to come. It is the fool who does not see the good in giving.

12

Greater than ruling an empire or going to the heaven realms, greater than having universal powers, is the fruit of Entering the Stream.

།སངས་རྒྱས་ཀྱི་སྡེ་ཚན།

།ཡུལ་སྟེང་རྒྱས་སུ་བྲམ་ཟེ་ལ་གསུངས་པ།

༡

།གང་གི་རྒྱལ་བ་ཕམ་པར་མི་ནུས་ཏེ། །འདི་ཡི་རྒྱལ་བ་འཇིག་རྟེན་སུས་མི་བགྲོད།
།སངས་རྒྱས་མཐའ་མེད་སྤྱོད་ཡུལ་གནས་མེད་དེ། །ལམ་ནི་གང་གིས་ཁྱོད་ཀྱིས་བཀྲི་བར་བྱ།།

༢

།སྲིད་པའི་དྲྭ་བ་དུག་གི་བདག་ཉིད་ཅན། །གར་ཡང་འཁྲིད་པ་གང་ལ་ཡོད་མིན་ན།
།སངས་རྒྱས་མཐའ་མེད་སྤྱོད་ཡུལ་གནས་མེད་དེ། །ལམ་ནི་གང་གིས་ཁྱོད་ཀྱིས་བཀྲི་བར་བྱ།།

།གྲོང་ཁྱེར་གསལ་ལྡན་དུ་འོ།

༣

།གང་ཞིག་བསམ་གཏན་ལྷུར་ལེན་བརྟན། །བྱ་མེད་ཉེ་བར་ཞི་ལ་དགྱེས། །རྫོགས་པའི་སངས་རྒྱས་དྲན་ལྡན་པ། །དེ་རྣམས་ལ་ནི་ལྷ་ཡང་སྨོན།།

།ཡུར་ནཱ་སེར་སྐྱའི་རྒྱལ་པོ་ལ་འོ།

༤

།མི་ཉིད་རབ་ཏུ་འཐོབ་དཀའ་སྟེ། །འཆི་བར་ངེས་རྣམས་གསོན་པར་དཀའ། །དམ་པའི་ཆོས་ནི་ཐོས་པར་དཀའ། །སངས་རྒྱས་རྣམས་ནི་འབྱུང་བར་དཀའ།།

The Buddha

Spoken to the brahmins in the land of Uruvilvā:

1

Who in this world could overcome the one whose victory is unassailable? Nonabiding, his sphere of action boundless, by what path could you guide him?

2

Where would you lead the one unmoved by the poisonous nets of desire? Nonabiding, his sphere of action boundless, by what path could you guide him?

Spoken in the city of Kāśī:

3

Even the gods pray to those who are mindful of the perfect Buddhas, those who delight in actionless tranquility and are constant in their meditations.

Spoken to the king of the nāgas in Vārāṇasī:

4

It is difficult to obtain a human birth; it is difficult to live with the certainty of death; it is difficult to hear the holy Dharma; and the appearance of a Buddha is rarer still.

།རྒྱལ་བྱེད་ཚལ་དུ་ཀུན་དགའ་བོ་ལ་འོ།

༥

།སྡིག་པ་ཅི་ཡང་མི་བྱ་ཞིང་། །དགེ་བ་ཕུན་སུམ་ཚོགས་པར་བྱ། །རང་གི་སེམས་
ནི་ཡོངས་སུ་འདུལ། །འདི་ནི་སངས་རྒྱས་བསྟན་པ་ཡིན།།

༦

།བཟོད་པ་དཀའ་ཐུབ་དམ་པ་བཟོད་པ་ནི། །མྱ་ངན་འདས་པ་མཆོག་ཅེས་སངས་རྒྱས་
གསུངས། །རབ་ཏུ་བྱུང་བ་གཞན་ལ་གནོད་པ་དང་། །གཞན་ལ་འཚེ་བ་དགེ་སྦྱོང་མ་
ཡིན་ནོ།།

༧

།སྨོད་པར་མི་བྱ་བརྡེག་མི་བྱ། །སོ་སོར་ཐར་པ་ཡང་དག་སྡོམ། །ཟས་ཀྱི་ཚོད་ནི་
རིག་པ་དང་། །བས་མཐའ་དག་ཏུ་གནས་མལ་བྱ། །ལྷག་པའི་བསམ་པ་ཡང་དག་སྦྱར།
།འདི་ནི་སངས་རྒྱས་བསྟན་པ་ཡིན།།

།རྒྱལ་བྱེད་ཚལ་དུ་འོ།

༨

།ཀརྵ་པ་ཎའི་ཆར་བབས་ཀྱང་། །འདོད་པ་རྣམས་ལ་ཚིམ་པ་མེད། །མྱང་ཡུན་ཐུང་ལ་
སྡུག་བསྔལ་བ། །འདོད་པ་ཡིན་ཞེས་མཁས་པས་ཤེས།།

༩

།ལྷ་ཡི་འདོད་པ་དག་ལ་ཡང་། །དེ་ཡིས་དགའ་བ་མེད་པར་རྟོགས། །རྫོགས་སངས་རྒྱས་
ཀྱི་ཉན་ཐོས་རྣམས། །སྲིད་པ་ཟད་པ་དག་ལ་དགའ།།

Spoken to Ānanda in the Jetavana Grove:

5

Do not do anything harmful; do only what is good; discipline your own mind: this is the teaching of the Buddha.

6

"The highest asceticism is patient forbearance, the highest of all, which is passing from sorrow." Thus teach the Buddhas. One who renounces the world, but harms or oppresses others, is not a Practitioner of Virtue.

7

Do not scorn others or hurt them; pledge yourself to the code of deliverance. Eat in moderation, and sleep and dwell in solitude. Absorb yourself in the highest thoughts. This is the doctrine of the Buddha.

Spoken in the Jetavana Grove:

8

Even a rain of gold could not satisfy your desires—for the smallest taste of enjoyment leads to the suffering of more desire. A truly wise person understands this.

9

Even the pleasure of the gods produces no real delight. The followers of the Perfect Buddha know this and delight in the extinguishing of desire.

།རྒྱལ་བྱེད་ཚལ་དུ་བྲམ་ཟེ་ལའོ།

༡༠

།རི་དང་ནགས་དང་མཆོད་རྟེན་དང་། །ཀུན་དགའ་རྭ་བ་ལྗོན་ཤིང་ལ། །འཇིགས་པས་
སྔངས་པའི་མི་རྣམས་ནི། །ཕལ་ཆེར་སྐྱབས་སུ་འགྲོ་བ་ཡིན།།

༡༡

།འདི་དག་དགེ་བའི་སྐྱབས་མིན་ཏེ། །སྐྱབས་ཀྱི་མཐར་ཐུག་འདི་དག་མིན། །འདི་དག་
སྐྱབས་སུ་སོང་བ་ཡིས། །སྡུག་བསྔལ་ཀུན་ལས་གྲོལ་མི་འགྱུར།།

༡༢

།སངས་རྒྱས་ཆོས་དང་དགེ་འདུན་ལ། །གང་གིས་སྐྱབས་སུ་སོང་བ་ཡིས། །སྡུག་བསྔལ་
སྡུག་བསྔལ་ཀུན་འབྱུང་དང་། །སྡུག་བསྔལ་རབ་ཏུ་འདས་པ་དང་།།

༡༣

།སྡུག་བསྔལ་ཉེར་ཞི་ལ་བགྲོད་པའི། །འཕགས་ལམ་ཡན་ལག་བརྒྱད་པོ་སྟེ། །འཕགས་
པའི་བདེན་པ་བཞི་པོ་རྣམས། །ཡང་དག་ཤེས་རབ་ཀྱིས་མཐོང་འགྱུར།།

༡༤

།འདི་དག་དགེ་བའི་སྐྱབས་ཡིན་ཏེ། །སྐྱབས་ཀྱི་མཐར་ཐུག་འདི་དག་ཡིན། །འདི་དག་
སྐྱབས་སུ་སོང་བ་ཡིས། །སྡུག་བསྔལ་ཀུན་ལས་རབ་གྲོལ་འགྱུར།།

Spoken to the brahmins in the Jetavana Grove:

10

When beings are disturbed they seek sanctuary, in the mountains and in forests, in holy places and in shrines, and in nature.

11

But these give no real protection; they offer no ultimate refuge. Going to these sanctuaries will not free you from suffering.

12

But if you take refuge in the Buddha, the Dharma, and the Sangha, you will clearly understand suffering, the source of suffering, and the total passing away of suffering.

13

Through true wisdom you will clearly see the four noble truths and the eightfold noble path which lead to the release from misery.

14

These are the true refuge. These are the ultimate refuge. By going to these for refuge, you will be freed from all suffering.

།རྒྱལ་བྱེད་ཚལ་དུ་འོ།

༡༥

།སྐྱེས་བུ་ཅང་ཤེས་རྙེད་པར་དཀའ། །ཐམས་ཅད་ཀུན་དུ་དེ་མི་འབྱུངས། །གང་དུ་བརྟན་པ་དེ་འབྱུངས་པའི། །རིགས་དེ་རྣམས་ལ་བདེ་བ་འཕེལ།།

༡༦

།སངས་རྒྱས་འབྱུང་བ་བདེ་བ་སྟེ། །དམ་པའི་ཆོས་ནི་བསྟན་པ་བདེ། །དགེ་འདུན་མཐུན་པ་བདེ་བ་སྟེ། །མཐུན་པ་རྣམས་ཀྱི་དཀའ་ཐུབ་བདེ།།

།འོད་སྲུང་གི་མཆོད་རྟེན་དུ་འོ།

༡༧

།སྤྲོས་པ་རྣམས་ལས་རབ་འདས་ཤིང་། །སྨྲེད་དང་མྱ་ངན་ཡོངས་ཟད་པའི། །མཆོད་འོས་རྫོགས་པའི་སངས་རྒྱས་སམ། །འོན་ཏེ་ཉན་ཐོས་རྣམས་ལ་མཆོད།།

༡༨

།གང་ལ་མི་འཇིགས་མྱང་འདས་པ། །དེ་རྣམས་དེ་ལྟར་མཆོད་པ་ཡི། །བསོད་ནམས་འདི་འདྲ་དག་གི་ཚད། །སུས་ཀྱང་བགྲང་བར་ནུས་མ་ཡིན།། །།

།སངས་རྒྱས་ཀྱི་སྡེ་ཚན་དེ། །ལེའུ་བཅུ་བཞི་པ་འོ།།

Spoken in the Jetavana Grove:

15

The truly wise are hard to find–they are not born just anywhere. Truly happy are the families in which such steadfast ones are born.

16

Joyful is the arising of the Buddha; joyful the teaching of the holy Dharma; joyful the harmony of the Sangha; and joyful the practice of those who live in harmony.

Spoken concerning the Caitya of Kāśyapa:

17

The Perfect Buddha has completely passed beyond all ego activity; he has completely extinguished suffering and desire, and so he is worthy of worship. Even his followers are worthy of worship.

18

No one at all can measure the merit of worshipping the fearless ones, those free from sorrow.

།བདེ་བའི་སྐྱེ་ཚན།

།ཤཱཀྱའི་གྲོང་དུ་འོ།

༡

།དགྲ་ལ་དགྲ་རུ་མི་བྱེད་པ། །ཨེ་མ་བདག་ཅག་བདེ་བར་འཚོ། །དགྲ་བོའི་མི་ཡི་ནང་དུ་ཡང་། །བདག་ཅག་དགྲ་དང་བྲལ་བར་གནས།།

༢

།གནོད་ལ་གནོད་པར་མི་བྱེད་པ། །ཨེ་མ་བདག་ཅག་བདེ་བར་འཚོ། །གནོད་བྱེད་མི་ཡི་ནང་དུ་ཡང་། །བདག་ཅག་གནོད་པ་མེད་པར་གནས།།

༣

།ཉམས་ལ་ཉམས་པར་མི་བྱེད་པ། །ཨེ་མ་བདག་ཅག་བདེ་བར་འཚོ། །ཉམས་པའི་མི་ཡི་ནང་དུ་ཡང་། །བདག་ཅག་གཏོག་འདོད་བྲལ་བར་གནས།།

༤

།གང་ལ་ཅི་ཡང་མེད་གྱུར་པ། །ཨེ་མ་བདག་ཅག་བདེ་བར་འཚོ། །འོད་གསལ་གྱི་ནི་ལྷ་བཞིན་དུ། །བདག་ཅག་དགའ་བ་ཟ་བར་གྱུར།།

Joy

Spoken in the city of the Śākyas:

1

Never feeling enmity towards those who bear us malice, how wonderful our lives become–free from enemies even in the midst of the most inimical.

2

Never harming those who would hurt us, how wonderful our lives become–never harmed even in the midst of harmful people.

3

Never feeling selfish even in the midst of selfish people, how wonderful our lives become–free from possessiveness even in the midst of those who would take everything.

4

Never possessing anything, how wonderful our lives become–nourished by the same food of joy as the gods of light.

།མཉན་ཡོད་དུ་གསལ་རྒྱལ་ལ་འོ།

༥

།རྒྱལ་བ་ཡིས་ནི་དགྲ་བོ་འབྱིན། །ཕ་རོལ་རྒྱལ་བ་སྡུག་བསྔལ་ཉལ། །རྒྱལ་དང་ཕམ་པ་བོར་བྱས་ནས། །ཉེ་བར་ཞི་བ་བདེ་ངར་གཟིམ།།

།མཉན་ཡོད་དུ་རིགས་ཀྱི་བུ་མོ་ལ་འོ།

༦

།འདོད་ཆགས་འདྲ་བའི་མེ་མེད་དེ། །ཁྲོ་བ་འདྲ་བའི་རྩོད་ཀླ་མེད། །ཕུང་པོ་འདྲ་བའི་སྡུག་བསྔལ་མེད། །ཞི་བ་ལས་ལྷག་བདེ་བ་མེད།།

༧

།བཀྲེས་པ་ནད་ཀྱི་ཐུ་ཤོས་དེ། །འཁོར་བ་དགྲ་ཡི་ཐུ་བོ་ཉིད། །འདི་རྣམས་ཤེས་པ་ལ་ལྟོས་ན། །མཆོག་གི་བདེ་བ་མྱང་འདས་ཡིན།།

།ཀོ་ས་ལར་གསལ་རྒྱལ་ལ་འོ།

༨

།ནད་མེད་པ་ནི་རྙེད་པའི་མཆོག། །ཆོག་ཤེས་པ་ནི་ནོར་གྱི་མཆོག། །མཛའ་བའི་གྲོགས་ནི་གཉེན་ཀྱི་མཆོག། །མྱ་ངན་འདས་པ་བདེ་བའི་མཆོག།།

།ཡངས་པ་ཅན་དུ་སྐར་རྒྱལ་ལ་འོ།

༩

།རབ་ཏུ་དབེན་པའི་རོ་དང་ནི། །ཉེ་བར་ཞི་བའི་རོ་བཏུང་ནས། །ཆོས་ཀྱི་དགའ་བའི་རོ་འཐུང་བ། །འཇིག་པ་མེད་ཅིང་སྡིག་མེད་འགྱུར།།

Spoken in Śrāvastī concerning King Prasenajit:

5

The victorious attract enemies; the conquered lie down in sorrow. But when you give up both victory and defeat, you will rest in happiness and peace.

Spoken in Śrāvastī concerning an attractive woman:

6

There is no fire like desire, no provocation that can equal hate, no suffering like this heap of flesh, no happiness higher than peace.

7

Hunger is the greatest affliction; samsara the greatest foe. With knowledge and true understanding of this, one can pass from sorrow to the highest joy.

Spoken to Prasenajit in Kosala

8

Health is the greatest possession; contentment the greatest wealth. A loving friend is the best of kin, and the greatest joy is passing from sorrow.

Spoken to Tiṣya in Vaiśālī:

9

Tasting the sweetness of solitude and savoring tranquility, you drink the nectar of the Dharma, which frees you from fear and iniquity.

༡༠

།འཕགས་པ་རྣམས་ནི་མཐོང་བ་ལེགས། །ཡང་དག་འགྲོགས་པ་རྟག་ཏུ་བདེ། །བྱིས་པ་རྣམས་ནི་མ་མཐོང་ན། །རྟག་ཏུ་བདེ་བ་ཉིད་དུ་འགྱུར།།

༡༡

།བྱིས་དང་ལྷན་ཅིག་སྤྱོད་པ་ནི། །ཡུན་རིང་དུས་སུ་མྱ་ངན་འགྱུར། །བྱིས་པ་རྣམས་ནི་དགྲ་བཞིན་དེ། །འགྲོགས་ན་ཀུན་ཏུ་སྡུག་བསྔལ་འགྱུར། །བརྟན་པ་རྣམས་ནི་གཉེན་བཞིན་དེ། །ཡང་དག་འགྲོགས་ན་བདེ་བར་གནས།།

༡༢

།དེས་ན་གཞུང་བཟང་མཁས་པ་མང་ཐོས་ལྡན། །ཚུལ་བརྟན་བརྟུལ་ཞུགས་ཅན་དང་ཡ་རབས་དེ། །དེ་འདྲའི་སྐྱེས་བུ་དམ་པ་བློ་ལྡན་རྣམས། །སྐར་མའི་ལམ་ལ་ཟླ་བ་བཞིན་དུ་བསྟེན།། །།

།བདེ་བའི་སྡེ་ཚན་ཏེ། ལེའུ་བཅོ་ལྔ་པ་འོ།།

10

How wonderful to see the saints–one always finds joy in their company. But with fools it is a different story. Not to see them makes us happy.

11

Keeping company with fools will cause you nothing but grief. Fools are the worst of enemies–they will keep you suffering forever. Keep company with the trustworthy–they will make you happy like close family.

12

Rely on the noble, the spiritual, the steady; the learned, the prudent, the wise. One wise enough to follow such beings is like the moon on the path of the stars.

།དགའ་བའི་སྡེ་ཚན།

།རྒྱལ་བྱེད་ཚལ་དུ་དགེ་ཚུལ་གསུམ་ལ་འོ།

༡

།རྣལ་འབྱོར་མིན་ལ་བདག་ཉིད་སྦྱོར། །རྣལ་འབྱོར་ལ་ཡང་སྦྱོར་བ་བྲལ། །དོན་བོར་དགའ་བ་འཛིན་པ་ནི། །བདག་ཉིད་རྗེས་སུ་སྦྱོར་ལ་ཆགས།།

༢

།དགའ་བ་ལ་ནི་མ་འགྲོགས་ཤིག །མི་དགའ་བ་ལ་ནམ་ཡང་མིན། །དགའ་བ་མ་མཐོང་སྡུག་བསྔལ་ཏེ། །མི་དགའ་མཐོང་བ་སྡུག་བསྔལ་ལོ།།

༣

།དེས་ན་དགའ་བར་མི་བྱ་སྟེ། །དགའ་བོ་བོར་བ་སྡིག་པ་ཉིད། །གང་ཡང་དགའ་བར་མི་འཛིན་པ། །དེ་ལ་སྒྲོག་ནི་ཡོད་མ་ཡིན།།

།རྒྱལ་བྱེད་ཚལ་དུ་འོ།

༤

།དགའ་བ་རྣམས་ལས་མྱ་ངན་སྐྱེ། །དགའ་བ་རྣམས་ལས་འཇིགས་པ་སྐྱེ། །དགའ་བ་རྣམས་ནི་སྤངས་བྱས་ན། །མྱ་ངན་མེད་ཅིང་འཇིགས་པ་མེད།།

Pleasure

Spoken to three śramaṇeras in the Jetavana Grove:

1

When you disengage yourself from practice and join yourself to what is ill-applied, you link up only with your own attachments–by grasping at pleasure, you lose sight of your aim.

2

Do not keep company with pleasure; do not consort with pain. The absence of pleasure is misery, and so is the presence of pain.

3

Do not aim at pleasure, for the loss of pleasure is hell. Not ever grasping at pleasure, you will never be bound by its chains.

Spoken in the Jetavana Grove:

4

From pleasure arises misery; from pleasure arises fear; in giving up your pleasure, you will be freed from misery and fear.

༤

།གཅེས་པ་རྣམས་ལས་མྱ་ངན་སྐྱེ། །གཅེས་པ་རྣམས་ལས་འཇིགས་པ་སྐྱེ། །གཅེས་པ་རྣམས་ནི་སྤངས་བྱས་ན། །མྱ་ངན་མེད་ཅིང་འཇིགས་པ་མེད།།

༥

།ཆགས་པ་རྣམས་ལས་མྱ་ངན་སྐྱེ། །ཆགས་པ་རྣམས་ལས་འཇིགས་པ་སྐྱེ། །ཆགས་པ་རྣམས་ནི་སྤངས་བྱས་ན། །མྱ་ངན་མེད་ཅིང་འཇིགས་པ་མེད།།

༦

།འདོད་པ་རྣམས་ལས་མྱ་ངན་སྐྱེ། །འདོད་པ་རྣམས་ལས་འཇིགས་པ་སྐྱེ། །འདོད་པ་རྣམས་ནི་སྤངས་བྱས་ན། །མྱ་ངན་མེད་ཅིང་འཇིགས་པ་མེད།།

༧

།སྲེད་པ་རྣམས་ལས་མྱ་ངན་སྐྱེ། །སྲེད་པ་རྣམས་ལས་འཇིགས་པ་སྐྱེ། །སྲེད་པ་རྣམས་ནི་སྤངས་བྱས་ན། །མྱ་ངན་མེད་ཅིང་འཇིགས་པ་ཅི།།

།འོད་མའི་ཚལ་དུ་འོ།

༡

།ཚུལ་ཁྲིམས་ལྟ་བ་ལྡན་སུམ་ཚོགས། །ཆོས་ལ་གནས་ཤིང་བདེན་པར་སྨྲ། །རང་ལ་འོས་པའི་ལས་བྱེད་པ། །དེ་ལ་སྐྱེ་བོ་དགའ་བར་བྱེད།།

5

From attachment arises misery; from attachment arises fear; in giving up your attachments, you will be freed from misery and fear.

6

From infatuation arises misery; from infatuation arises fear; in giving up your infatuations, you will be freed from misery and fear.

7

From desire arises misery; from desire arises fear; in giving up your desires, you will be freed from misery and fear.

8

From craving arises misery; from craving arises fear; in giving up your craving, you will be freed from misery and fear.

Spoken in the Bamboo Grove:

9

The world delights in those with vision and integrity, those who do what it is right to do, who abide in the Dharma and speak only truth.

།རྒྱལ་བྱེད་ཚལ་དུ་ཕྱིར་མི་འོངས་ལ་འོ།

༡༠

།བརྗོད་དུ་མེད་ལ་འདུན་པ་སྐྱེས། །ཡིད་ཀྱང་གསལ་བ་ཉིད་དུ་གྱུར། །འདོད་ལ་འབྲེལ་བ་ལོག་པའི་སེམས། །གྱེན་དུ་རྒྱུ་བ་བྱ་བར་བརྗོད།།

།དྲང་སྲོང་ལྷུང་བར་དགའ་མོའི་བྱ་ལ་འོ།

༡༡

།སྐྱེས་བུ་ཡུན་རིང་འཁྱམས་གྱུར་ཏེ། །རྒྱང་ནས་བདེ་བར་སླེབས་པ་ལ། །གཉེན་དང་བཤེས་དང་སྙིང་གྲོགས་རྣམས། །འོངས་པ་མངོན་པར་དགའ་བར་བྱེད།།

༡༢

།དེ་བཞིན་བསོད་ནམས་བྱེད་པ་ཡང་། །འཇིག་རྟེན་འདི་ནས་གཞན་སོང་ན། །མཛའ་བོ་སླེབས་ལ་གཉེན་གྱིས་བཞིན། །བསོད་ནམས་དག་གིས་བསུ་བར་བྱེད།། །།

།དགའ་བའི་སྡེ་ཚན་ཏེ། །ལེའུ་བཅུ་དྲུག་པ་འོ།།

Spoken in the Jetavana Grove concerning Nonreturners:

10

Striving for the Inexpressible, the mind becomes completely clear. When thoughts turn away from desire, you are said to be "moving upstream."

Spoken to Nandāputra at Ṛṣipatana:

11

When the wanderer returns safely home from a distant journey, his close and dear friends greet his arrival with great joy.

12

When the good man passes from this world into the next, he is welcomed by his good works, like a traveller welcomed home by his kin.

།ཁྲོ་བའི་སྐྱེ་ཚན།

།ཤུ་གྲི་དྷའི་ཀུན་དགའ་རྡྭ་བར་དམར་མོ་ལ་གསུངས་པ།

༡

།ཁྲོ་བ་སྤངས་ཤིང་ང་རྒྱལ་རབ་ཏུ་སྤངས། །རབ་ཏུ་སྦྱོར་བ་ཀུན་ལས་རིང་དུ་བཀལ། །མིང་
དང་གཟུགས་ལ་མ་ཞེན་ཅི་ཡང་མེད། །སྡུག་བསྔལ་རྣམས་ནི་རྗེས་སུ་འབབ་མི་འགྱུར།།

༢

།གང་གིས་ཁྲོ་བ་ལངས་པ་ལ། །ཤིང་རྟ་འཁོར་བཞིན་འཛིན་པ་དེ། །ཁ་ལོ་པ་ཞེས་
བདག་གིས་སྨྲ། །སྐྱེ་བོ་གཞན་ནི་སྲབ་སྐྱོགས་འཛིན།།

།འོད་མའི་ཚལ་དུ་དགེ་བསྙེན་ཟླ་མ་ལ་འོ།

༣

།སྡང་མེད་ཁྲོ་བ་ཕམ་པར་གྱིས། །ལེགས་པས་ཉེས་པ་ཕམ་པར་གྱིས། །བདེན་པ་
ཡིས་ནི་བརྫུན་ཚིག་དང་། །སྦྱིན་པས་སེར་སྣ་ཕམ་པར་གྱིས།།

༤

།བདེན་པར་སྨྲ་ཞིང་ཁྲོ་བ་མེད། །སློང་ན་ཕྲན་ཚེགས་ཡིན་ཡང་སྦྱིན། །གནས་སྐབས་
གསུམ་པོ་འདི་དག་གིས། །ལྷ་རྣམས་ཀྱི་ནི་གམ་དུ་བགྲོད།།

Anger

Spoken to Rohiṇī in the Nyagrodha Park:

1

Abandon anger, abandon pride! Leave all obstacles far behind. Unattracted to what has name and form, you will not sink into sorrow.

2

Whoever holds his rising anger in check, as a driver controls his chariot, this is the one I call Charioteer—the others only grasp at the reins.

Spoken to the Upāsaka Uttara in the Bamboo Grove:

3

Overcome anger with good nature; overcome evil with goodness; overcome greed with giving, and overcome lies with the truth.

4

Speak the truth; control your temper; give what you can when asked. By these three virtuous actions, you draw near to the gods.

།གནས་བཅས་སྤུ་བྲམ་ཟེ་ལ་འོ།

༤

།ཐུབ་པ་གང་ཞིག་མི་འཚེ་ཞིང་། །རྟག་ཏུ་ལུས་ཀྱིས་སྡོམ་བྱེད་པ། །དེ་ནི་འཕོ་མེད་ས་ལ་འགྲོ། །གང་དུ་སོང་ན་མྱ་ངན་མེད།།

།བྱ་རྒོད་ཕུང་པོའི་རི་ལ་འོ།

༥

།ཉིན་དང་མཚན་མོ་སད་གྱུར་ཅིང་། །རྟག་ཏུ་རྗེས་སུ་སློབ་བྱེད་པ། །མྱ་ངན་འདས་པ་ལྷུར་ལེན་རྣམས། །ཁད་ཀྱིས་ཟག་པ་ཟད་པར་འགྱུར།།

།དགེ་བསྙེན་ཨ་ཏུ་ལར་གསུངས་པ།

༦

།ཁ་རོག་སྡོད་ལ་སྨོད་བྱེད་ཅིང་། །མང་དུ་སྨྲ་ལ་སྨོད་པར་བྱེད། །སྨྲ་ཚོད་བཟུང་ཡང་སྨོད་བྱེད་དེ། །འཇིག་རྟེན་འདི་ན་མི་སྨོད་མེད། །གནའ་བོའི་དུས་ནས་འདི་འདྲ་སྟེ། །དིང་སང་ཙམ་མིན་ཨ་ཏུ་ལ།།

༧

།མཐའ་གཅིག་ཏུ་ནི་སྨད་པ་འམ། །མཐའ་གཅིག་བསྟོད་པའི་སྐྱེས་བུ་ནི། །མ་བྱུང་འབྱུང་བར་མི་འགྱུར་ཏེ། །ད་ལྟ་ཡང་ནི་ཡོད་མ་ཡིན།།

༨

།འོན་ཀྱང་གང་ལ་བློ་ལྡན་རྣམས། །ཉིན་རེ་བཞིན་དུ་བསྔགས་བྱེད་པ། །སྐྱོན་ཀ་མེད་པའི་བློ་ལྡན་ནི། །ཤེས་རབ་ཚུལ་ཁྲིམས་ཡང་དག་ལྡན།།

Spoken in Sāketa concerning the brahmin couple:

5

The powerful Munis harm no one; they control themselves always. They travel to the land of no rebirth where they are free from sorrow.

Spoken on Vulture Peak:

6

Awake and mindful day and night and always learning, those who strive to pass from sorrow gradually destroy their impurities.

Spoken to the Upāsaka Atula:

7

Listen, Atula, here is a bit of ancient wisdom: They blame you for being silent; they blame you for talking too much. They blame you for watching what you say. No one in the world can go unblamed.

8

There never has been, nor will there ever be, nor does there now exist, a person who is always blamed or always praised.

9

But the one who is daily praised by the wise, the one who is blameless, is the one with ethics and integrity, the one with fine knowledge.

༡༠

།འཛམ་བུའི་གསེར་གྱི་དོང་ཙེ་བཞིན། །སུ་ཞིག་དེ་ལ་སྨོད་པར་རིགས། །ལྷ་ཡང་དེ་ལ་
བསྟོད་པར་བྱེད། །ཚངས་པ་ཡང་ནི་དེ་ལ་བསྟོད།།

།འོད་མའི་ཚལ་དུ་འོ།

༡༡

།ལུས་ཀྱི་ཁྲོ་བ་བསྲུང་བར་གྱིས། །ལུས་ཀྱིས་ཡང་དག་སྡོམ་པར་བྱ། །ལུས་ཀྱི་ཉེས་
སྤྱོད་སྤངས་བྱས་ནས། །ལུས་ཀྱིས་ལེགས་པར་སྤྱད་པ་སྤྱོད།།

༡༢

།ངག་གི་ཁྲོ་བ་བསྲུང་བར་གྱིས། །ངག་གིས་ཡང་དག་སྡོམ་པར་བྱ། །ངག་གི་ཉེས་
སྤྱོད་སྤངས་བྱས་ནས། །ངག་གིས་ལེགས་པར་སྤྱད་པ་སྤྱོད།།

༡༣

།ཡིད་ཀྱི་ཁྲོ་བ་བསྲུང་བར་གྱིས། །ཡིད་ཀྱིས་ཡང་དག་སྡོམ་པར་བྱ། །ཡིད་ཀྱི་ཉེས་
སྤྱོད་སྤངས་བྱས་ནས། །ཡིད་ཀྱིས་ལེགས་པར་སྤྱད་པ་སྤྱོད།།

༡༤

།བརྟན་པ་ལུས་ཀྱིས་སྡོམ་བྱེད་ཅིང་། །འོན་ཏེ་ངག་གིས་ཡང་དག་སྡོམ། །བརྟན་པ་ཡིད་
ཀྱིས་ཡང་དག་སྡོམ། །དེ་ནི་ཡོངས་སུ་སྡོམ་པ་ཉིད།། །།

།ཁྲོ་བའི་སྡེ་ཚན་ཏེ། །ལེའུ་བཅོ་བདུན་པའོ།།

10

He is like a coin of the purest gold–who is fine enough to fault him? Even the gods sing his praises; even Brahma applauds him.

Spoken in the Bamboo Grove:

11

Gain mastery over your body; guard yourself from acting angrily. Keep yourself from sinful action; use your body well.

12

Gain mastery over your speech; guard yourself from speaking angrily. Keep yourself from speaking wrongly; use your speech well.

13

Gain mastery over your mind; guard yourself from angry thoughts. Keep your mind from mental baseness; use your mind well.

14

The steadfast are controlled in body and controlled in speech; the steadfast are controlled in mind. This is perfect mastery.

།དྲི་མའི་སྡེ་ཚན།

།རྒྱལ་བྱེད་ཚལ་དུ་འོ།

༡

།ཁྱོད་ནི་ལོ་མ་སྐྱ་བོ་འདྲ། །གཤིན་རྗེའི་སྐྱེས་བུས་ཁྱོད་ལ་སླུགས། །ཁྱོད་ནི་འཆི་བའི་ཁ་ན་གནས། །ཁྱོད་ལ་ལམ་རྒྱགས་དག་ཀྱང་མེད།།

༢

།དེ་ནི་རང་ཉིད་གླིང་དུ་གྱིས། །མྱུར་དུ་འབད་ཅིང་མཁས་པར་མཛོད། །དྲི་མ་བསལ་ཅིང་ཉེས་མེད་པ། །མཐོ་རིས་འཕགས་པའི་ས་འཐོབ་འགྱུར།།

༣

།ཁྱོད་ཀྱི་ཚེ་ནི་ཟད་པར་གྱུར། །གཤིན་རྗེའི་རྒྱལ་པོའི་གམ་དུ་སླེབས། །མཚམས་ན་སྡོད་པ་ཁྱོད་ལ་མེད། །ཁྱོད་ལ་ལམ་རྒྱགས་དག་ཀྱང་མེད།།

༤

།དེ་ནི་རང་ཉིད་གླིང་དུ་གྱིས། །མྱུར་དུ་འབད་ཅིང་མཁས་པར་མཛོད། །དྲི་མ་བསལ་ཅིང་ཉེས་མེད་པ། །ཕྱིན་ཆད་སྐྱེ་རྒ་རྟིད་མི་འགྱུར།།

Defilement

Spoken in the Jetavana Grove:

1

You are like a yellow leaf. The minions of the Lord of Death await you: You stand in the jaws of death with no provisions for your journey.

2

Make of yourself an island–quickly become vigorous and wise. Clear away your impurities and faults, and you will reach the heavens of the saints.

3

Now your time has run out, and soon you will meet the Lord of Death. There are no havens on this journey, and you have no provisions for the road.

4

Make of yourself an island–quickly become vigorous and wise. Clear away your impurities and faults, and no longer be subject to birth and old age.

༥

།རིམ་གྱིས་ཅུང་ཟད་ཅུང་ཟད་དང་། །མཁས་པས་སྐད་ཅིག་སྐད་ཅིག་གིས། །མགར་བ་ཡིས་ནི་དངུལ་བཞིན་དུ། །རང་གི་དྲི་མ་བསལ་བར་བྱ།།

།རྒྱལ་བྱེད་ཚལ་དུ་འོ།

༦

།ལྕགས་ལས་བཙའ་ནི་རབ་ཏུ་ལྡང་འགྱུར་ཅིང་། །ཡངས་ནས་དེ་ཉིད་ཟ་བར་བྱེད་པ་བཞིན། །འདི་ལྟར་ཤིན་ཏུ་ལོག་པར་སྤྱོད་པ་རྣམས། །རང་གི་ལས་ཀྱིས་ངན་སོང་དག་ཏུ་འཁྲིད།།

།འཆར་ཀ་དམར་པོ་ལ་གསུངས་པ།

༧

།ཚོག་མེད་པ་སྔགས་ཀྱི་དྲི། །འདག་ཞལ་མེད་པ་ཁྱིམ་གྱི་དྲི། །ལེ་ལོ་རིགས་ཀྱི་དྲི་མ་སྟེ། །བག་མེད་པ་ནི་བསྲུང་བའི་དྲི།།

༨

།བུད་མེད་དྲི་མ་སྤྱོད་ངན་ཏེ། །སྦྱིན་བདག་དྲི་མ་སེར་སྣ་ཡིན། །འཇིག་རྟེན་འདི་དང་གཞན་དུ་ཡང་། །སྡིག་པའི་ཆོས་ནི་དྲི་མ་ཡིན།།

༩

།དྲི་མ་ལས་ཀྱང་དྲི་མ་སྟེ། །དྲི་མའི་ཐ་ཤལ་མ་རིག་པ། །དྲི་མ་དེ་ནི་རབ་སྤངས་ནས། །དྲི་མེད་མཛོད་ཅིག་དགེ་སློང་དག།

5

Little by little, by stages, moment by moment the wise man clears away his faults as a smith removes the dross from silver.

Spoken in the Jetavana Grove:

6

Just as iron is eaten away by the rust it produces, so do your own wrong actions lead you to destruction.

Spoken concerning Lāludāyi:

7

Lack of proper ritual is a flaw in a mantra; lack of plaster is a flaw in a house; laziness is a flaw in a family; carelessness is a flaw in a guard.

8

Misconduct is a flaw in women; greed is a flaw in a donor; impure teachings are a flaw in both this world and the next.

9

But ignorance is worse than these–it is the worst of all faults. O Monks, if you get rid of ignorance you become free of all the rest.

།རྒྱལ་བྱེད་ཚལ་དུ་སཱ་རི་ལ་འོ།

༡༠

།ཁ་ཡི་དཔའ་བོ་མ་རབས་དང་། །ཐོ་ཅོ་ཅན་དང་སྤྱི་བརྟོལ་ཅན། །ཀུན་ཉོན་གྱིས་ནི་འཚོ་བ་སྟེ། །ངོ་ཚ་མེད་ལ་འཚོ་བ་སླ།།

༡༡

།རྟག་ཏུ་གཙང་མ་འཚོལ་བ་དང་། །སྐྱོན་མེད་ཁ་བསག་མེད་པ་དང་། །དག་པའི་འཚོ་བ་ལ་ལྟོས་པའི། །ངོ་ཚ་ཅན་རྣམས་དཀའ་བར་འཚོ།།

༡༢

།གང་ཞིག་སྲོག་གཅོད་བྱེད་པ་དང་། །བརྫུན་གྱི་ཚིག་ནི་སྨྲ་བ་དང་། །འཇིག་རྟེན་ན་ནི་མ་བྱིན་ལེན། །གཞན་གྱི་ཆུང་མ་དག་ལ་བགྲོད།།

༡༣

།མི་གང་མྱོས་པར་འགྱུར་བ་ཡི། །བཏུང་བ་རྗེས་སུ་སྤྱོད་བྱེད་པ། །དེ་རྣམས་འཇིག་རྟེན་འདི་ཉིད་དུ། །རང་གི་རྩ་བ་གཅོད་པར་བྱེད།།

༡༤

།ཀྱེ་ཡི་སྐྱེས་བུ་དེ་ལྟ་བུར། །སྡིག་ཆོས་མ་བསྡམ་ཤེས་བྱས་ནས། །འདོད་དང་ཆོས་མ་ཡིན་པས་ཁྱོད། །ཡུན་རིང་སྡུག་ཏུ་མི་འཇུག་འཚལ།།

Spoken in the Jetavana Grove concerning Sāri:

10

Life is easy for the shameless, for the boastful and debased, for the vicious and the foul-mouthed, living in corruption.

11

But life is difficult for the principled who wish to live simply, for the quiet and the faultless, those who seek to live purely.

12

Whoever takes the life of another, who speaks with lying words, who takes what is not given, who wanders to another's spouse–

13

Who drinks to drunkenness, which leads to dissipation, in this very lifetime, accomplishes self-destruction.

14

Look at the undisciplined, those who are intemperate. Take care lest desire and worldliness introduce you to long suffering.

།རྒྱལ་བྱེད་ཚལ་དུ་ཝོ།

༡༥

།སྐྱེ་བོ་ཇི་ལྟར་དད་པ་དང་། །ཇི་ལྟར་དྭངས་པ་བཞིན་དུ་སྦྱིན། །དེ་ལ་གང་ཞིག་གཞན་
རྣམས་ཀྱི། །ཟས་དང་སྐོམ་ལ་རེ་གྱུར་པ། །དེས་ནི་ཉིན་དང་མཚན་མོ་ཡང་། །ཏིང་ངེ་
འཛིན་ལ་འཇུག་མི་འགྱུར།།

༡༦

།གང་གིས་རེ་བ་དེ་བཅད་དེ། །རྩ་བ་དྲུངས་ནས་ཕྱུང་བྱས་པ། །དེ་རྣམས་ཉིན་དང་
མཚན་མོ་ཡང་། །ཏིང་ངེ་འཛིན་ལ་འཇུག་པར་འགྱུར།།

།རྒྱལ་བྱེད་ཚལ་དུ་ཝོ།

༡༧

།འདོད་ཆགས་འདྲ་བའི་མེ་མེད་དེ། །ཁྲོ་བ་ལྟ་བུའི་ཆུ་སྲིན་མེད། །རྨོངས་པ་འདྲ་བའི་
དྲྭ་བ་མེད། །སྲིད་པ་འདྲ་བའི་ཆུ་ཀླུང་མེད།།

།བཟང་མོའི་གྲོང་དུ་ཝོ།

༡༨

།གཞན་གྱི་ཉེས་པ་མཐོང་སླ་སྟེ། །ཕྱི་ནས་རང་ལ་མཐོང་བར་དཀའ། །གཞན་གྱི་ཁ་ན་
མ་མཐོ་བ། །དེ་ཡིས་སྦུན་པ་བཞིན་དུ་འཕྱུར། །རང་གི་ཁ་ན་མ་མཐོ་བ། །རྒྱན་པོས་
ཤོ་ངན་བཞིན་དུ་བསྐུང་།།

༡༩

།གཞན་གྱི་ཉེས་པ་རྗེས་མཐོང་ན། །རྟག་ཏུ་འདུ་ཤེས་འཁྲུགས་པར་འགྱུར། །དེ་ལ་ཟག་
པ་འཕེལ་བར་འགྱུར། །དེ་ནི་ཟག་པ་ཟད་ལ་རིང་།།

Spoken in the Jetavana Grove:

15

You can never predict what people will give—it depends on their faith and their involvement. Expecting food and drink from others, your mind will never settle day or night.

16

Whoever cuts off this expectation, uproots it and throws it away, will be able to enter into meditation both by night and day.

Spoken in the Jetavana Grove:

17

There is no fire like desire, no monster like hatred. There is no net like delusion, no raging river like craving.

Spoken in the city of Bhadrā:

18

It is easy to see the faults of others, but your own are difficult to see. You carefully sift through others' faults but you hide your own like loaded dice.

19

When you focus on the faults of others, your perceptions soon become distorted, increasing your own imperfections. How far you are from their extinction!

།རྩྭ་མཆོག་གྲོང་དུ་འོ།

༢༠

།ནམ་མཁའ་ལ་ནི་ལམ་མེད་དེ། །ཕྱི་རོལ་པ་ལ་དགེ་སྦྱོང་མེད། །འཇིག་རྟེན་སྤྲོས་ལ་མངོན་པར་དགའ། །དེ་བཞིན་གཤེགས་པ་སྤྲོས་དང་བྲལ།།

༢༡

།ནམ་མཁའ་ལ་ནི་ལམ་མེད་དེ། །ཕྱི་རོལ་པ་ལ་དགེ་སྦྱོང་མེད། །འདུས་བྱས་རྣམས་ལ་རྟག་པ་མེད། །སངས་རྒྱས་རྣམས་ལ་འཇིགས་པ་མེད།། །།

།དྲི་མའི་སྐྱེ་ཚན་ཏེ། ལེའུ་བཅོ་བརྒྱད་པ་འོ།།

Spoken in the city of Kuśinagara:

20

You will never find a path in the sky, or a pure monk caught up in the world. The worldly delight in self-centered action, while the Tathāgata, Thus Gone, is free from self-centered activity.

21

You will never find a path in the sky, or a pure monk caught up in the world. There is no permanence in compounded things, and Buddhas are unshakeable.

།ཆོས་ལྡན་གྱི་སྡེ་ཚན།

།རྒྱལ་བྱེད་ཚལ་དུ་འོ།

༡

།ཐུབ་ཆོད་དུ་ནི་དོན་འདྲིན་གང་། །དེ་ལ་ཆོས་དང་ལྡན་པ་མེད། །གང་གིས་དོན་དང་
དོན་མ་ཡིན། །གཉིས་ཀ་ངེས་འབྱེད་མཁས་པ་ཉིད།།

༢

།ཐུབ་ཆོད་མེད་པར་ཕ་རོལ་རྣམས། །ཆོས་དང་མཐུན་པར་འདྲིན་བྱེད་པ། །ཆོས་ཀྱིས་
སྐྱོང་བའི་བློ་ལྡན་ནི། །ཆོས་དང་ལྡན་པ་བྱ་བར་བརྗོད།།

༣

།ཇི་ཙམ་མང་དུ་སྨྲ་བྱེད་པ། །དེ་ཙམ་དུ་ནི་མཁས་པ་མིན། །བཟོད་ལྡན་ཁྲོ་མེད་འཇིགས་
མེད་ནི། །མཁས་པ་ཞེས་བྱར་བརྗོད་པ་ཡིན།།

༤

།ཇི་ཙམ་མང་དུ་སྨྲ་བྱེད་པ། །དེ་ཙམ་དུ་ནི་ཆོས་འཛིན་མིན། །གང་ཞིག་ཐོས་པ་ཆུང་
ན་ཡང་། །ཆོས་ལ་ལུས་ཀྱིས་བལྟ་བྱེད་པ། །ཆོས་ལ་བག་མེད་མིན་པ་གང་། །དེ་ནི་ཆོས་
དང་ལྡན་པར་འགྱུར།།

Endowed with the Dharma

Spoken in the Jetavana Grove:

1

He who dispenses justice in an arbitrary manner could never be considered one who abides by the law. One who clearly ascertains both right and wrong is the one who is held as wise.

2

The wise are never arbitrary when leading others into harmony with the truth. Wise, they are guarded by truth, for they act in accord with the Dharma.

3

Though someone may be silver-tongued, one cannot call such a person wise. The one who is patient, free from anger, and fearless—this one is called wise.

4

Though someone may be silver-tongued, this does not mean he grasps the Dharma. Those devoted to the Dharma, never unaware of the Dharma, embody the Dharma, though they may have little learning.

༥

།གང་གི་མགོ་བོ་སྐྲ་གྲུར་པ། །དེ་ཡིས་གནས་བརྟན་མི་འགྱུར་ཏེ། །དེ་ཡི་ན་ཚོད་ཡོངས་སྨིན་ཀྱང་། །དོན་མེད་རྒན་པོ་བྱ་བར་བརྗོད།།

༦

།གང་ལ་བདེན་དང་ཆོས་དག་དང་། །འཚེ་མེད་སྡོམ་དང་ཁྲིམས་ཡོད་པ། །དྲི་མེད་བརྟན་པ་དེ་ཉིད་ནི། །གནས་བརྟན་ཞེས་བྱར་རྗེས་སུ་བརྗོད།།

༧

།ཁ་དོག་དང་ནི་ཟོ་བཟང་དང་། །སྨྲ་བར་བྱེད་པ་འབའ་ཞིག་གིས། །ཕྲག་དོག་མ་རབས་ཐ་བའི་མི། །ལེགས་པའི་གཟུགས་སུ་མི་འགྱུར་རོ།།

༨

།གང་ལ་དེ་རྣམས་རབ་ཆད་ཅིང་། །རྩ་བ་དྲུང་ནས་ཕྱུང་བྱས་པ། །སྐྱོན་མེད་བློ་དང་ལྡན་པ་ནི། །ལེགས་པའི་གཟུགས་སུ་བརྗོད་པ་ཡིན།།

༩

།བརྟུལ་ཞུགས་མེད་དང་བརྫུན་སྨྲ་བ། །མགོ་བོ་རླུམ་པས་དགེ་སློང་མིན། །འདོད་དང་སྲེད་ལ་ཞུགས་གྱུར་པ། །དགེ་སློང་དུ་ནི་ཇི་ལྟར་འགྱུར།།

5

One is not an Elder because the head is gray. Many are ripe in years, but called elder for nothing.

6

The one embodying truth and Dharma, harmlessness, restraint, and commitment, who is steadfast and undefiled, this one is called an Elder.

7

Though someone's face and form are handsome, and his words flow easily, do not consider him a man of distinction if he is jealous, mean, and brutish.

8

Those who have destroyed these traits, uprooted them and thrown them out—they are the faultless and wise. These are the ones of distinction.

9

Not just by shaving his head does the false and intemperate man become a monk. How can one be absorbed in desire and gain and be "One Who Cultivates Virtue"?

༡༠

།གང་ཞིག་སྡིག་པ་རགས་པ་དང་། །ཕྲ་མོ་ཐམས་ཅད་ཞི་བྱེད་པ། །སྡིག་པ་ཞི་བ་ཉིད་ཀྱིས་ཕྱིར། །དགེ་སྦྱོང་ཞི་བ་ཞེས་བྱར་བརྗོད།།

༡༡

།ཇི་ཙམ་གཞན་ལ་སློང་བྱེད་པ། །དེ་ཙམ་དུ་ནི་དགེ་སློང་མིན། །ཆོས་རྣམས་རྫོགས་པར་ལེན་པ་ནི། །དགེ་སློང་ཡིན་གྱི་དེ་ཙམ་མིན།།

༡༢

།གང་ཞིག་བསོད་ནམས་སྡིག་པ་དག །བོར་ནས་ཚངས་པར་སྤྱོད་ལྡན་ཞིང་། །འཇིག་རྟེན་གྲངས་སུ་སྤྱོད་བྱེད་པ། །དེ་ལ་དགེ་སློང་ཞེས་བྱར་བརྗོད།།

༡༣

།བླུན་པོའི་ངང་ཚུལ་རིག་བྲལ་བ། །སྨྲ་བཅད་བྱས་པས་ཐུབ་པ་མིན། །མཁས་པ་གང་ཞིག་སྲང་བཞིན་དུ། །མཆོག་དུ་བླང་བྱ་འཛིན་བྱེད་ཅིང་།

༡༤

།སྡིག་པ་འདོར་བའི་ཐུབ་པ་དེ། །དེ་ཡི་ཕྱིར་ན་ཐུབ་པ་སྟེ། །གང་གིས་འཇིག་རྟེན་གཉིས་འཇལ་བ། །དེའི་ཕྱིར་ཐུབ་པ་བྱ་བར་བརྗོད།།

10

A monk is called a man of peace, "One Who Cultivates Virtue," because he quiets all wrong-doing, both gross and subtle.

11

One is not a monk just because one asks for alms. Completely taking up the Dharma is what makes one a monk.

12

Whoever has gone beyond good and evil, but acts with perfect purity while passing through the world, such a one is called a monk.

13

The ignorant person who behaves like a fool does not become a Muni just by keeping quiet. The sage is one who weighs both sides and embraces what is best.

14

The one who rejects all wrongdoing becomes a sage by weighing both sides of the world. This one is called Muni.

༡༧

། གང་གིས་སྒྲོག་ནི་འགྲུམ་བྱེད་པ། །དེས་ན་འཕགས་པར་མི་འགྱུར་ཏེ། །སྒྲོག་ཆགས་ཀུན་ལ་མི་འཚོ་བ། །འཕགས་པ་ཞེས་བྱར་བརྗོད་པ་ཡིན།།

༡༨

། ཚུལ་ཁྲིམས་བརྟུལ་ཞུགས་ཙམ་གྱིས་སམ། །མང་ཐོས་ཀྱིས་ཀྱང་མ་ཡིན་ལ། །འོན་ཏེ་ཏིང་འཛིན་ཐོབ་པས་སམ། །དབེན་པ་ཉིད་དུ་ཉལ་བས་ཀྱང་།

༡༩

། སོ་སྐྱེ་རྣམས་ཀྱིས་མ་བསྟེན་པའི། །བྱ་བྲལ་བདེ་བ་བདག་གིས་རེག། །ཟག་པ་ཟད་པ་མ་ཐོབ་ཚུན། །དགེ་སློང་ངལ་བསོ་མ་བྱེད་ཅིག། །།

། ཆོས་ལྡན་གྱི་སྡེ་ཚན་ཏེ། །ལེའུ་བཅུ་དགུ་པ་འོ།།

15

One does not become a hero by killing–the truly heroic person never harms a living creature.

16

I obtained the happiness free from action which no ordinary being can know–not just by spiritual practice, not just by great learning–

17

Not just by sleeping in solitude or even by obtaining samādhi. O Monks, do not rest easy until you have destroyed the defilements!

། ལམ་གྱི་སྡེ་ཚན།

། རྒྱལ་བྱེད་ཚལ་དུ་ནི།

༡

། ལམ་རྣམས་དག་ལས་ཡན་ལག་བརྒྱད། ། བདེན་པ་རྣམས་ལས་ཚིགས་རྐང་བཞི། ། ཆོས་རྣམས་ལས་ནི་ཆགས་བྲལ་དང་། ། རྐང་གཉིས་རྣམས་ལས་སྤྱན་ལྡན་མཆོག །

༢

། མཐོང་བ་རྣམ་པར་དག་པ་ལ། ། ལམ་ནི་འདི་ལས་གཞན་མ་མཆིས། ། ཁྱེད་ནི་འདི་ལ་འཇུག་པར་མཛོད། ། འདི་ལ་བདུད་ནི་རབ་དུ་རྨོངས། །

༣

། ཁྱེད་ཅག་འདི་ལ་ཞུགས་པ་ཡིས། ། སྡུག་བསྔལ་མཐའ་མར་བྱེད་པར་འགྱུར། ། ཚེར་མའི་གཞི་ནི་ཀུན་ཤེས་ནས། ། ལམ་འདི་བདག་གིས་བཤད་པ་ཡིན། །

༤

། དེ་བཞིན་གཤེགས་པས་གསུངས་ཙམ་སྟེ། ། ཁྱེད་ཅག་ལས་ལ་འབད་པར་མཛོད། ། བསྒོམ་པས་སྒོམས་པར་ཞུགས་པ་ཡིས། ། བདུད་ཀྱི་འཆིང་བ་རྣམ་གྲོལ་འགྱུར། །

The Path

Spoken in the Jetavana Grove:

1

Best among paths is the eightfold path. Best among truths are the truths in four lines. Best of all Dharmas is freedom from desire. Best among two-footed beings is the one with Vision.

2

This is the only path that leads to pure vision: There is no other. Enter it, and on this path you will confound the demon Māra.

3

Enter this path and you will bring an end to sorrow. This is the path that I described having completely understood the basis of affliction.

4

The Tathāgatas merely show the way; you must make the effort. Through meditation and equanimity, you free yourself from the bonds of Māra.

༥

།འདུས་བྱས་ཐམས་ཅད་མི་རྟག་ཅེས། །གང་ཚེ་ཤེས་རབ་ཀྱིས་མཐོང་ན། །སྡུག་བསྔལ་དག་གིས་ཚུགས་མི་འགྱུར། །འདི་ནི་རྣམ་དག་ལམ་ཡིན་ནོ༎

༦

།འདུས་བྱས་ཐམས་ཅད་སྡུག་བསྔལ་ཞེས། །གང་ཚེ་ཤེས་རབ་ཀྱིས་མཐོང་ན། །སྡུག་བསྔལ་དག་གིས་ཚུགས་མི་འགྱུར། །འདི་ནི་རྣམ་དག་ལམ་ཡིན་ནོ༎

༧

།ཆོས་རྣམས་ཐམས་ཅད་བདག་མེད་ཅེས། །གང་ཚེ་ཤེས་རབ་ཀྱིས་མཐོང་ན། །སྡུག་བསྔལ་དག་གིས་ཚུགས་མི་འགྱུར། །འདི་ནི་རྣམ་དག་ལམ་ཡིན་ནོ༎

།རྒྱལ་བྱེད་ཚལ་དུ་འོ།

༨

།ལྡང་བའི་དུས་སུ་མི་ལྡང་བ། །གཞོན་ནུ་སྟོབས་ལྡན་ལེ་ལོ་ཅན། །དྲངས་པ་ཀུན་རྟོག་ཡིད་ཞན་པའི། །ལེ་ལོས་ཤེས་རབ་ལམ་མི་རྙེད༎

།འོད་མའི་ཚལ་དུ་འོ།

༩

།ངག་རྣམས་བསྲུང་ཞིང་ཡིད་ནི་ལེགས་པར་སྡུར། །ལུས་ཀྱིས་ཀྱང་ནི་མི་དགེ་མི་བྱ་སྟེ། །ལས་ལམ་གསུམ་པོ་འདི་ནི་རྣམ་དག་པ། །དྲང་སྲོང་གསུངས་པའི་ལམ་ལ་བརྟེན་པར་འགྱུར༎

5

"All conditioned things are impermanent." When you truly comprehend this, you will no longer be afflicted by suffering. This is the path of purity.

6

"All conditioned things are suffering." When you truly comprehend this, you will no longer be afflicted by suffering. This is the path of purity.

7

"All elements (of conditioned things) are self-less." When you truly comprehend this, you will no longer be afflicted by suffering. This is the path of purity.

Spoken in the Jetavana Grove:

8

Not getting up when it is time to rise; lazy though young and strong; confused and lackadaisical–how can the indolent find the path of the wise?

Spoken in the Bamboo Grove:

9

Guard your speech and use your mind well. Keep your body from unvirtuous action. In purifying these three paths of action, you rely on the path which was taught by the Rishi.

།རྒྱལ་བྱེད་ཚལ་དུ་འོ།

༡༠

།རྣལ་འབྱོར་ལས་ནི་ཕུན་ཚོགས་སྐྱེ། །རྣལ་འབྱོར་མིན་ལས་ཕུན་ཚོགས་འཛད། །འབྱོར་བ་དང་ནི་འཕོང་བ་སྟེ། །ལམ་འདི་རྣམ་གཉིས་ཤེས་བྱས་ནས། །ཇི་ལྟར་ཕུན་ཚོགས་རབ་འཕེལ་བ། །དེ་ལྟར་བདག་ཉིད་ངེས་འཇུག་བྱ།།

༡༡

།ཟློན་པ་ཞིག་ལ་ནགས་ཚལ་ཆོད། །ནགས་ཚལ་ལས་ནི་འཇིགས་པ་སྐྱེ། །ནགས་དང་རྩ་བ་བཅད་བྱས་ན། །དགེ་སློང་མྱ་ངན་འདའ་བར་འགྱུར།།

༡༢

།ཇི་སྲིད་མི་ནི་བུད་མེད་ལ། །འདོད་པ་རྡུལ་ཙམ་མ་ཆོད་ཀྱང་། །ཕྲུག་གུ་འོ་འཐུང་མ་ལ་བཞིན། །དེ་སྲིད་དེ་ནི་ཕྱིར་ཞིང་འཆིང་།།

༡༣

།སྟོན་ཀའི་ཀུནྡ་ལག་པས་བཞིན། །བདག་ཉིད་གཅེས་འཛིན་གཅོད་པར་མཛོད། །བདེ་བར་གཤེགས་གསུངས་མྱ་ངན་འདས། །ཞི་བའི་ལམ་ཉིད་ལྷུར་ལེན་མཛོད།།

།མཉན་ཡོད་དུ་ཚོང་པ་ལ་འོ།

༡༤

།འདིར་ནི་དབྱར་དང་འདི་ཉིད་དུ། །དགུན་དང་དཔྱིད་དུས་ང་སྡོད་ཅེས། །བླུན་པོ་དག་ནི་སེམས་བྱེད་དེ། །བར་དུ་གཅོད་པ་རིག་མི་འགྱུར།།

Spoken in the Jetavana Grove:

10

Wonderful qualities arise from yoga, but they dwindle if you cease your practice. There is progress, and there is loss. Understanding both of these, increase what is truly positive, and enter into Certainty.

11

Cut down the tree; destroy the whole forest. From the forest danger arises. If you cut away the trees and the roots, O Monks, you will pass from sorrow.

12

As long as a man is attached to women, his smallest desire, if not destroyed right away, will bind him completely, like a suckling calf to its mother.

13

Cut away the self you hold so dear, as you would a faded autumn lotus. Earnestly take up this path of peace, the passage from sorrow as taught by the Buddha.

Spoken to a merchant in Śrāvastī:

14

"Here I will stay in the summer, in the winter, as well as the spring." So thinks the fool–he never dreams that obstacles might rise before him.

༡༥

།ཡོངས་སུ་ཆགས་པའི་ཡིད་ལྡན་མི། །བུ་དང་ཕྱུགས་རྣམས་ལྷན་ཅིག་ཏུ། །ཤུ་འོད་ཆེན་པོས་གཉིད་ལོག་པའི། །གྲོང་བཞིན་འཆི་བས་འཁྱེར་ཏེ་འགྲོ།།

༡༦

།བུ་ཡིས་སྐྱོབ་པ་མ་ཡིན་ཏེ། །ཕ་ཡིས་མ་ཡིན་གཉེན་གྱིས་མིན། །འཆི་བས་དབང་དུ་བྱས་པ་ནི། །རྩ་ལག་རྣམས་ཀྱིས་སྐྱོབ་པ་མིན།།

༡༧

།དོན་གྱི་དབང་འདི་ཤེས་བྱས་ནས། །ཚུལ་ཁྲིམས་སྡོམ་ལྡན་མཁས་རྣམས་ཀྱིས། །མྱ་ངན་འདས་པར་འགྲོ་བའི་ལམ། །མྱུར་དུ་རྣམ་པར་དག་པར་མཛོད།། །།

།ལམ་གྱི་སྡེ་ཚན་ཏེ། །ལེའུ་ཉི་ཤུ་པའོ།།

15

Death approaches and sweeps away the man attached to his children and cattle. Death approaches and takes hold of him in the same way a raging river carries off a sleeping village.

16

Your children are no haven; nor are your parents or kin. Once under the sway of death, not even your dearest friends can help you.

17

Those who are wise, those endowed with restraint and good conduct, understand this powerful message of death, and quickly clear the path to nirvana.

།ཕྲོར་བུའི་སྐྱེ་ཚན།

།འོད་མའི་ཚལ་དུ་འོ།

༡

།བདེ་བ་ཙམ་ཞིག་བོར་བ་ལས། །རྒྱ་ཆེན་བདེ་བ་མཐོང་ན་ནི། །བརྟན་རྣམས་བདེ་བ་ཙམ་བོར་ལ། །རྒྱ་ཆེན་བདེ་བ་བལྟ་བར་མཛོད།།

།རྒྱལ་བྱེད་ཚལ་དུ་འོ།

༢

།གཞན་ལ་སྡུག་བསྔལ་བསྐྱེད་བྱས་ནས། །རང་ཉིད་བདེ་བར་འདོད་པ་དེ། །དགྲ་ཡི་ཚོགས་ནི་འབྲིན་པ་སྟེ། །དེ་ནི་དགྲ་ལས་ཐར་མི་འགྱུར།།

།བཟང་མོའི་གྲོང་དུ་འོ།

༣

།གང་ཞིག་བྱ་བ་ཡལ་བར་བོར། །བྱ་བ་མིན་པ་ཕྱིར་ཞིང་བྱེད། །དྲི་ང་ལྡང་ཞིང་བག་མེད་པ། །དེ་རྣམས་ཟག་པ་འཕེལ་བར་བྱེད།།

༤

།གང་ཞིག་རྟག་ཏུ་རབ་འབད་དེ། །ལུས་ལ་དྲན་པ་འཛོག་བྱེད་པ། །དེ་རྣམས་བྱ་མིན་མི་བསྟེན་ཅིང་། །བྱ་བར་འོས་པ་རྒྱུན་དུ་བྱེད། །དྲན་པ་དང་ནི་ཤེས་བཞིན་ཅན། །དེ་རྣམས་ཟག་པ་ཟད་པར་འགྲོ།།

Miscellaneous

Spoken in the Bamboo Grove:

1

Seeing the vast delight to be gained by giving up but a little joy, the steadfast would give up that joy, and aim for the greater delight.

Spoken in the Jetavana Grove:

2

If you cause suffering for another while pursuing happiness for yourself, you will attract many enemies, and never be free of foes.

Spoken in the city of Bhadrā:

3

When you neglect what you should be doing and concentrate on what you should not do, corruption appears with your negligence, increasing your impurity.

4

When you are always striving, mindful of the body, not pursuing what you should not do but continually doing what is worthy—when you are mindful and truly wide-awake—your impurities will come to an end.

།རྒྱལ་བྱེད་ཚལ་དུ་ལ་ཀུཎྚ་ཀ་ལ་འོ།

༥

།མ་དང་ཕ་ནི་བསད་བྱ་ཞིང་། །རྒྱལ་པོ་རྒྱལ་རིགས་གཉིས་པོ་དང་། །ཡུལ་འཁོར་འབངས་བཅས་བསད་བྱས་ན། །ཉེས་མེད་བྲམ་ཟེ་ཉིད་དུ་འགྱུར།།

༦

།མ་དང་ཕ་ནི་བསད་བྱ་ཞིང་། །རྒྱལ་པོ་ཐོས་པ་ཅན་གཉིས་དང་། །སྟག་ནི་ལྔ་པོ་བསད་བྱས་ན། །ཉེས་མེད་བྲམ་ཟེ་ཉིད་དུ་འགྱུར།།

།འོད་མའི་ཚལ་དུ་འོ།

༡

།གཽ་ཏ་མའི་ཉན་ཐོས་རྣམས། །ལེགས་པར་རབ་སད་རྟག་ཏུ་སད། །དེ་རྣམས་ཉིན་དང་མཚན་མོ་ཡང་། །སངས་རྒྱས་རྒྱུན་དུ་དྲན་པར་བྱེད།།

༢

།གཽ་ཏ་མའི་ཉན་ཐོས་རྣམས། །ལེགས་པར་རབ་སད་རྟག་ཏུ་སད། །དེ་རྣམས་ཉིན་དང་མཚན་མོ་ཡང་། །ཆོས་ལ་རྒྱུན་དུ་དྲན་པ་འཛོག།

༣

།གཽ་ཏ་མའི་ཉན་ཐོས་རྣམས། །ལེགས་པར་རབ་སད་རྟག་ཏུ་སད། །དེ་རྣམས་ཉིན་དང་མཚན་མོ་ཡང་། །དགེ་འདུན་རྒྱུན་དུ་དྲན་པར་བྱེད།།

Spoken to Lakuṇḍaka in the Jetavana Grove:

5

A man goes sinless and is a true brahmin when he kills his parents (desire and pride), kills the kings of two royal houses (eternalism and nihilism), and destroys the people of the kingdom (the samsaric mind).

6

A man goes sinless and is a true brahmin when he kills his parents (desire and pride), kills the two heretical kings, and destroys the five royal tigers (the five skandhas obstructing nirvana).

Spoken in the Bamboo Grove:

7

The followers of Gautama's teachings are always awake–always well awake. Day and night they are mindful, always mindful of the Buddha.

8

The followers of Gautama's teachings are always awake–always well awake. Day and night they are mindful, always mindful of the Dharma.

9

The followers of Gautama's teachings are always awake–always well awake. Day and night they are mindful, always mindful of the Sangha.

༡༠

།གོའུ་ཏ་མའི་ཉན་ཐོས་རྣམས། །ལེགས་པར་རབ་སད་རྟག་ཏུ་སད། །དེ་རྣམས་ཉིན་དང་མཚན་མོ་ཡང་། །ལུས་ལ་རྒྱུན་དུ་དྲན་པ་འཛོག།

༡༡

།གོའུ་ཏ་མའི་ཉན་ཐོས་རྣམས། །ལེགས་པར་རབ་སད་རྟག་ཏུ་སད། །དེ་རྣམས་ཉིན་དང་མཚན་མོ་ཡང་། །འཚེ་བ་མེད་ལ་ཡིད་དགའ་བྱེད།

༎ བམ་པོ་གཉིས་པ ༎

༡༢

།གོའུ་ཏ་མའི་ཉན་ཐོས་རྣམས། །ལེགས་པར་རབ་སད་རྟག་ཏུ་སད། །དེ་རྣམས་ཉིན་དང་མཚན་མོ་ཡང་། །སྒོམ་ལ་རྒྱུན་དུ་ཡིད་དགའ་བྱེད།

།ཡངས་པ་ཅན་དུ་འོ།

༡༣

།རབ་བྱུང་དཀའ་ཞིང་མངོན་པར་དགའ་བ་དཀའ། །བསྡི་གནས་དཀའ་ཞིང་ཁྱིམ་ནི་སྡུག་བསྔལ་ཡིན། །ལྷན་ཅིག་གནས་པ་མེད་པ་སྡུག་བསྔལ་ཏེ། །ལམ་དུ་རྒྱུ་བ་སྡུག་བསྔལ་རྗེས་སུ་ལྷུང་། །དེ་བས་ལམ་དུ་རྒྱུ་བར་མི་འགྱུར་བ། །སྡུག་བསྔལ་རྣམས་ལ་རྗེས་སུ་ལྷུང་མི་འགྱུར།

10

The followers of Gautama's teachings are always awake–always well awake. Day and night they are mindful, always mindful of the body.

11

The followers of Gautama's teachings are always awake–always well awake. Day and night they take great joy in genuine kindness.

Second Bam-po

12

The followers of Gautama's teachings are always awake–always well awake. Day and night they take great joy in continual meditation.

Spoken in Vaiśālī:

13

Renouncing the world is difficult, and finding joy therein is hard. It is difficult to live in a monastery, and a householder's life is hard. It is hard to live together with others, and it is hard to live on the road–but ceasing your senseless wandering, you no longer descend into suffering.

། རྒྱལ་བྱེད་ཚལ་དུ་འོ།

༡༤

།དད་པ་ཚུལ་ཁྲིམས་ལྡན་ཚོགས་ཤིང་། །གྲགས་དང་ལོངས་སྤྱོད་ལྡན་པ་རྣམས། །ཡུལ་ནི་གང་དང་གར་གནས་པ། །དེ་དང་དེར་ནི་མཆོད་པར་བྱེད།།

༡༥

།དམ་པ་གངས་ཅན་རི་བཞིན་དུ། །རྒྱང་ན་རབ་ཏུ་གསལ་བ་སྟེ། །ཇི་ལྟར་མཚན་མོ་མདའ་འཕང་བཞིན། །དམ་པ་མིན་རྣམས་འདིར་མི་མཐོང་།།

༡༦

།གཅིག་པུར་གནས་ཤིང་གཅིག་པུར་ཉལ། །གཅིག་པུར་རྒྱུ་ཞིང་གཡེང་བ་མེད། །གཅིག་པུར་བདག་ཉིད་ཐུལ་བ་རྣམས། །ནགས་ཀྱི་མཐར་ནི་དགའ་བར་འགྱུར།། །།

།ཐོར་བུའི་སྡེ་ཚན་ཏེ། །ལེའུ་ཉེར་གཅིག་པ་འོ།།

Spoken in the Jetavana Grove:

14

In whatever land you choose to dwell you will always be honored if you have perfect faith and ethics along with wealth and reputation.

15

The holy shine even from afar, like distant mountain peaks covered with snow. Ordinary men are scarcely noticed, like arrows shot into the night.

16

Those who live alone and sleep alone, who travel alone and are never distressed—those who alone subdue themselves, find joy deep in the forest.

།དམྱལ་པའི་སྡེ་ཚན།

།རྒྱལ་བྱེད་ཚལ་དུ་མཛེས་མ་ལ་གསུངས་པ།

༡

།མི་བདེན་སྨྲ་བ་དམྱལ་བར་འགྲོ་བ་སྟེ། །གང་གིས་བྱས་ནས་མ་བྱས་སྨྲ་བ་ཡང་། །གཉིས་པོ་འདི་དག་ཤི་ན་མཉམ་པར་འགྱུར། །གཞན་དུ་དམན་པའི་ལས་བྱེད་མི་དག་ཡིན།།

།འོད་མའི་ཚལ་དུ་འོ།

༢

།ངུར་སྨྲིག་སྐེད་ལ་བཀྲིས་གྱུར་པ། །སྡིག་པའི་ཆོས་ཅན་མ་བསྡམས་པའི། །སྡིག་ཅན་དེ་དག་ཕལ་མོ་ཆེ། །སྡིག་པའི་ལས་ཀྱིས་དམྱལ་བར་སྐྱེ།།

།ཡངས་པ་ཅན་དུ་འོ།

༣

།ཚུལ་འཆལ་ཡང་དག་མ་བསྡམས་པ། །ཡུལ་འཁོར་བསོད་སྙོམས་ཟ་བ་ལས། །ཚ་བ་མི་ལྕེ་དང་འདྲ་བའི། །ལྕགས་ཀྱི་ཐོ་ལུམ་ཟ་བ་མཆོག།

།རྒྱལ་བྱེད་ཚལ་དུ་འོ།

༤

།གཞན་གྱི་ཆུང་མ་ཉེ་བར་བསྟེན་བྱེད་པའི། །བག་མེད་མི་ལ་གནས་སྐབས་བཞི་ཡིན་ཏེ། །བསོད་ནམས་མིན་འཐོབ་བདེ་བར་ཉལ་བ་མེད། །གསུམ་པ་སྨོད་པ་བཞི་པ་དམྱལ་བ་ཉིད།།

Hell

Spoken in the Jetavana Grove concerning Sundarī:

1

One who tells lies will go to hell, as well as the one who denies this wrongful action. Both suffer equally after death, for both commit actions which bring them degradation.

Spoken in the Bamboo Grove:

2

Those who wrap themselves in the saffron robes but stay unregenerate and unrestrained will be born in hell by the force of their corruption.

Spoken in Vaiśālī:

3

Better to swallow a red-hot ball of iron flickering with tongues of fire than for one who is immoral and unrestrained to live on the charity of others.

Spoken in the Jetavana Grove:

4

For one who is heedless and joins with another's spouse, four things will come to pass: the loss of merit, uneasy sleep, self-degradation, and lifetimes in hell.

༣

།བསོད་ནམས་མ་ཡིན་འཐོབ་ཅིང་སྡིག་ཅན་འགྱུར། །སྐྲག་པས་སྐྲག་ལ་དགའ་བ་ཆུང་ཟད་ཉིད། །རྒྱལ་པོས་ཆད་པ་ལྕི་བར་གཅོད་དེའི་ཕྱིར། །གཞན་གྱི་ཆུང་མ་མི་ཡིས་བསྟེན་མི་བྱ།།

།རྒྱལ་བྱེད་ཚལ་དུ་འོ།

༤

།དཔེར་ན་ཀུ་ཤ་འཛིན་ཉེས་ན། །ལག་པ་རྗེས་སུ་གཅོད་པ་བཞིན། །དགེ་སྦྱོང་ཉིད་དུ་སྤྱོད་ཉེས་པས། །དམྱལ་བ་དག་ཏུ་ཉེ་བར་འདྲེན།།

༥

།ལྷོད་པའི་བྱ་བ་གང་ཡིན་དང་། །ཀུན་ཉོན་བརྟུལ་ཞུགས་གང་ཡིན་དང་། །ཚངས་པར་སྤྱོད་པ་རལ་བ་དེ། །འབྲས་བུ་ཆེན་པོར་འགྱུར་མ་ཡིན།།

༦

།གལ་ཏེ་བྱེད་ན་དེ་གྱིས་ཤིག། །དེ་ལ་བརྟན་ཞིང་ཟེལ་ནོན་བྱ། །རབ་ཏུ་བྱུང་བ་ལྷོད་པ་རྣམས། །ལྷག་པར་རྡུལ་ནི་ཚུབས་པ་ཙམ།།

།རྒྱལ་བྱེད་ཚལ་དུ་བུད་མེད་ལ་འོ།

༡

།ཉེས་པའི་ལས་ནི་མ་བྱས་ལེགས། །ཉེས་པའི་ལས་ཀྱིས་ཕྱི་ནས་གདུང་། །ལེགས་པའི་བྱ་བ་བྱེད་པ་ལེགས། །བྱས་ན་རྗེས་སུ་གདུང་མི་འགྱུར།།

5

Who would risk loss of merit, gain of sin, and punishment from the law, to join with another's spouse for some frightened pleasure in fearful arms?

Spoken in the Jetavana Grove:

6

A blade of grass wrongly handled will cut the hand. The religious life wrongly lived leads to hell.

7

When your actions are careless, when your spiritual practice is lax, when the purity of your life is breached, your spiritual practice will bear no great fruit.

8

Put all your energy behind whatever you set out to do. A seeker who is slack and unconcerned is like dust turning in the wind.

Spoken to the young girl in the Jetavana Grove:

9

Leave undone all wrongful action–misconduct leads to later torment. Better to do something good–from such actions you will never suffer.

།རྒྱལ་བྱེད་ཚལ་དུ་དགེ་སློང་ལ་འོ།

༡༠

།དཔེར་ན་བས་མཐའི་གྲོང་དག་ནི། །ཕྱི་དང་ནང་ནས་བསྲུང་གྱུར་པ། །དེ་ལྟར་བདག་ཉིད་བསྲུང་བྱ་སྟེ། །སྐད་ཅིག་ཙམ་ཡང་མ་འདའ་ཞིག། །སྐད་ཅིག་དག་ལ་གཡེལ་བ་རྣམས། །དམྱལ་བར་ཆུད་དེ་འགྲོད་པར་འགྱུར།།

།གཅེར་བུ་པ་ལ་འོ།

༡༡

།ངོ་མི་ཚ་ལ་ངོ་ཚ་ཞིང་། །ངོ་ཚ་བ་ལ་ངོ་ཚ་མེད། །བརྫུན་གྱི་ལྟ་བ་རབ་བླངས་པའི། །སེམས་ཅན་རྣམས་ནི་ངན་སོང་འགྲོ།།

༡༢

།འཇིགས་པ་མེད་ལ་འཇིགས་པར་བལྟ། །འཇིགས་ལ་འཇིགས་པ་མེད་པར་བལྟ། །བརྫུན་གྱི་ལྟ་བ་རབ་བླངས་པའི། །སེམས་ཅན་རྣམས་ནི་ངན་སོང་འགྲོ།།

༡༣

།ཁ་ན་མ་མཐོ་རུང་བར་སེམས། །རུང་བ་ཁ་ན་མ་མཐོར་བལྟ། །བརྫུན་གྱི་ལྟ་བ་རབ་བླངས་པའི། །སེམས་ཅན་རྣམས་ནི་ངན་སོང་འགྲོ།།

༡༤

།རུང་བ་དག་ནི་རུང་བ་དང་། །མི་རུང་ཁ་ན་མ་མཐོར་ཤེས། །ཡང་དག་ལྟ་བ་རབ་བླངས་པའི། །སེམས་ཅན་རྣམས་ནི་བདེ་འགྲོར་འགྲོ།།

།དམྱལ་བའི་སྡེ་ཚན་ཏེ། །ལེའུ་ཉེར་གཉིས་པ་འོ།།

Spoken to the monks in the Jetavana Grove:

10

Just as a garrison on a frontier is guarded well both inside and out, guard yourself and never be slack. Do not let even an instant pass, for in one lax moment are found hell and repentance.

Spoken concerning the naked ascetics:

11

Ashamed of what is not shameful, unashamed of what brings shame, those caught up in such falsehoods will pass to the lower realms.

12

Fearful of what is not frightful, unafraid of that to be feared, those caught up in such falsehoods will pass to the lower realms.

13

Seeing nothing wrong in wrong action, viewing what is right as a fault, those caught up in such falsehoods will pass to the lower realms.

14

Those who know right as right, and know the wrong to be wrong, ascend to happy states of being, for they hold right views.

།གླང་པོའི་སྐྱེ་ཚན།

།རྒྱལ་བྱེད་ཚལ་དུ་ཀུན་དགའ་བོ་ལ་གསུངས་པ།

༡

།བདག་ནི་གཡུལ་དུ་གླང་པོ་ཆེ། །གཞུ་ཡིས་འཕང་བའི་མདའ་ལ་བཞིན། །ཚིག་རྩུབ་རྣམས་ལ་བཟོད་བྱ་སྟེ། །སྐྱེ་བོ་ཕལ་ཆེར་ཚུལ་ངན་ཉིད།།

༢

།དུལ་བ་ཚོགས་སུ་འཁྲིད་པ་སྟེ། །དུལ་བ་རྒྱལ་པོས་ཞོན་པར་བྱེད། །གང་གིས་ཚིག་རྩུབ་བཟོད་ནུས་པའི། །དུལ་བ་མི་ཡི་ནང་ན་མཆོག།

༣

།དུལ་བའི་དྲེའུ་རྣམས་ནི་མཆོག། །སིན་དྷུའི་རྟ་པོ་ཅང་ཤེས་མཆོག། །གླང་ཆེན་ཀུ་ཡི་གཙོ་བོ་མཆོག། །བདག་ཉིད་དུལ་བ་དེ་ལས་མཆོག།

༤

།བདག་ཉིད་ཐུལ་བའི་དུལ་བ་ཡིས། །དུལ་བ་ལྡན་རྣམས་བགྲོད་འགྱུར་བའི། །མ་སོང་ཡུལ་ལ་སླེབས་པ་ནི། །བཞོན་པ་འདི་དག་རྣམས་ཀྱིས་མིན།།

The Elephant

Spoken to Ānanda in the Jetavana Grove:

1

As an elephant endures the arrows of battle, I will patiently endure harsh words. For such is the way of the world: Human beings are often cruel.

2

Just as the well-trained elephant lets the king mount him and ride him into the fray, so does the well-disciplined man, the best of men, patiently endure harsh words.

3

Wonderful is a well-trained mule; wonderful the wise horses of Sindh. Wonderful the leader of the elephant herd; but those who have trained themselves are finer still.

4

It is not by riding these beasts that one arrives at the untrodden land. The way is travelled by those well-trained–through their discipline and self-restraint.

། རྒྱལ་བྱེད་ཚལ་དུ་ནོ།

ν

། ནོར་སྐྱོང་ཞེས་བྱའི་གླང་པོ་ཆེ། །གདོང་པ་དྲལ་ཞིང་བཟློག་དཀའ་བ། །བཟུང་ན་ཁམ་གང་མི་ཟ་བར། །གླང་ཆེན་གླང་པོའི་ནགས་ཚལ་དྲན།།

། ཀོ་ས་ལར་གསལ་རྒྱལ་ལ་ནོ།

ς

། བག་མེད་གྱུར་ན་ཆེས་ཟ་ཞིང་། །གཉིད་དང་འཁོར་ཡུག་ཏུ་ནི་ཉལ། །འབྲུ་ཡིས་གསོས་པའི་ཕག་ཆེན་བཞིན། །བླུན་པ་མངལ་ནི་ཡང་ཡང་འཐོབ།

། རྒྱལ་བྱེད་ཚལ་དུ་དགེ་ཚུལ་ལ་ནོ།

υ

། སེམས་འདི་སྔོན་ཆད་ཇི་ལྟར་དགའ་བ་དང་། །ཇི་འདོད་ཇི་ལྟར་བདེ་བའི་སྤྱོད་པ་སྤྱད། །ལྕགས་ཀྱུ་ཐོགས་པས་གླང་པོ་འབིགས་པ་བཞིན། །དེ་རིང་འབྱུང་ཁུངས་ཉིད་ནས་དེ་འཛིན་བྱ།།

། ཀོ་ས་ལ་རུ་ནོ།

ㄥ

། བག་ཡོད་ལ་ནི་དགའ་བར་བྱ། །རང་གི་སེམས་ནི་རྗེས་སུ་བསྲུང་། །འདམ་རྫབ་ལས་ནི་གླང་ཆེན་བཞིན། །བདག་ཉིད་ངན་འགྲོ་ལས་དྲངས་བྱ།།

ᘓ

། དེ་ནི་སྨིན་ཅིང་ལེགས་སྤྱོད་བརྟན་པའི་གྲོགས། །ཐབས་གཅིག་སྤྱོད་པ་དག་ནི་རྙེད་གྱུར་ན། །ཡོངས་སུ་ངལ་བ་ཐམས་ཅད་ཟིལ་ནན་ནས། །ཡིད་དགའ་དྲན་ལྡན་དེ་དང་འགྲོགས་པར་གྱིས།།

Spoken in the Jetavana Grove:

5

The elephant called Guardian of Wealth is hard to control when in rut—he will not eat in captivity, for he pines for the elephant grove.

Spoken to Prasenajit at Kosala:

6

The heedless glutton who nods off and falls asleep anywhere is like a great hog after swilling slop—this sluggard will take birth again and again.

To the śramaṇeras in the Jetavana Grove:

7

My mind once acted as it pleased, doing whatever it desired. But now that I have grasped the way that it works, I will control it, as an elephant is controlled by the hook.

Spoken in Kosala:

8

Delight in vigilance; carefully guard your own mind. Pull yourself out of lower states of being, as the elephant pulls himself out of the mud.

9

If you can find a friend to go with you who is steady, careful, and mature, together you can overcome all hardships with mindfulness and joy.

༡༠

།འོན་དེ་སྨིན་ཅིང་ལེགས་སྦྱོང་བརྟན་པའི་གྲོགས། །ཐབས་གཅིག་སྤྱོད་པ་དག་ནི་མ་རྙེད་ན། །ཡུལ་འཁོར་ཕམ་པ་རྒྱལ་པོས་འདོར་བ་འདྲ། །གླང་ཆེན་གླང་པོའི་ནགས་བཞིན་གཅིག་པུར་སྤྱོད།།

༡༡

།གཅིག་པུར་སྤྱོད་པ་མཆོག་ཡིན་གྱི། །བྱིས་པ་རྣམས་དང་ལྷན་དུ་མིན། །གླང་པོའི་ནགས་སུ་གླང་ཆེན་བཞིན། །གཅིག་སྤྱོད་སྡིག་མེད་འདོད་ཆུང་བྱ།།

།ཁ་བ་ཅན་དུ་བདུད་ལ་གསུངས་པ།

༡༢

།ནོར་བྱུང་པ་ན་གྲོགས་རྣམས་བདེ། །ཚོག་ཤེས་པ་ལ་ཅི་ཡང་བདེ། །ཚེ་ཟད་པ་ན་བསོད་ནམས་བདེ། །སྡུག་བསྔལ་ཐམས་ཅད་སྤངས་པ་བདེ།།

༡༣

།འཇིག་རྟེན་མ་དང་འགྲོགས་པ་བདེ། །འོན་དེ་ཕ་དང་འགྲོགས་པ་བདེ། །འཇིག་རྟེན་ན་ནི་དགེ་སྦྱོང་བདེ། །འོན་དེ་བྲམ་ཟེ་རྣམས་ནི་བདེ།།

༡༤

།རྒས་པའི་བར་དུ་ཚུལ་ཁྲིམས་བདེ། །དད་པ་བརྟན་པར་གྱུར་པ་བདེ། །ཤེས་རབ་རབ་ཏུ་ཐོབ་པ་བདེ། །སྡིག་པ་རྣམས་ནི་མ་བྱས་བདེ།། །།

།གླང་པོའི་སྡེ་ཚན་དེ། །ལེའུ་ཉེར་གསུམ་པ་འོ།།

10

But if you do not find such a friend to go with you, if you have no friend who is steady, careful, and wise, then proceed alone—like the elephant alone in his forest, or like the king who leaves his conquered land behind.

11

It is far better to proceed alone than to find yourself stuck with a fool. Like an elephant alone in an elephant forest, there will be little desire or chance to do wrong.

Spoken to Māra in the Land of Snow:

12

It is a delight to have friends to share one's wealth, delightful to be content. It is a delight to have merit at the time of death, and a delight to abandon all suffering.

13

It is a delight to be close to your mother; a delight to be close to your father. It is a delight to be a monk in the world, and a delight to be a brahmin.

14

It is a delight to see virtue that lasts till old age; a delight when firm faith arises; a delight when wisdom is attained; a delight when sin is avoided.

།སྨྲེད་པའི་སྐྲེ་ཆེན།

།རྒྱལ་བྱེད་ཚལ་དུ་འོ།

༡

།བག་མེད་སྤྱོད་པའི་མི་རྣམས་ལ། །འཁྲི་ཤིང་བཞིན་དུ་སྲེད་པ་འཕེལ། །ནགས་ན་སྤྲེའུ་འབྲས་འཚོལ་བཞིན། །ཚེ་མ་རེ་ཞིང་དེ་ནི་རྒྱུགས།།

༢

།དུག་གི་བདག་ཉིད་སྲེད་པ་འདིས། །འཇིག་རྟེན་འདི་ན་གང་གཟིར་བ། །སྤང་སྤྲོས་མངོན་པར་འཕེལ་བ་བཞིན། །དེ་ཡི་མྱ་ངན་རབ་དུ་འཕེལ།།

༣

།བཅལ་དཀའ་གདུག་པའི་སྲེད་པ་འདི། །འཇིག་རྟེན་ན་ནི་སུས་གཟིར་བ། །མེ་ཏོག་ལས་ནི་ཆུ་ཐིག་བཞིན། །དེ་ལས་མྱ་ངན་རབ་དུ་ལྷུང་།།

༤

།བདག་གིས་ཁྱེད་ལ་ལེགས་པར་སྨྲ། །འདི་ན་ཁྱེད་ཅག་ཅི་ཙམ་པས། །ཀུ་ཤ་རི་འདོད་སྤང་སྤྲོས་བཞིན། །སྲེད་པའི་རྩ་བ་གཙོད་པར་གྱིས།།

Desire

Spoken in the Jetavana Grove:

1

In people who live carelessly, craving increases like ivy growing round a tree. They race around day after day, like monkeys in the forest seeking fruit.

2

By this craving you poison yourself. You are tormented in this world like a tree choked with ivy, and your suffering greatly increases.

3

Whoever in this world overcomes this vicious craving so hard to transcend will find that suffering falls away like drops of water falling from a flower.

4

I give you good counsel; may you all take heed: Cut craving at its source. For if you want the healing root, you must first cut down the plant.

༥

།དཔེར་ན་ལྗོན་པ་བཅད་པར་གྱུར་ན་ཡང་། །རྩ་བ་བརྟན་པར་འབྲེལ་ན་སླར་ཡང་སྐྱེ། །དེ་འདྲ་ཁོ་ནར་སྲིད་པའི་བག་ལ་ཉལ། །མ་ཆོད་སྡུག་བསྔལ་འདི་ནི་ཡང་ཡང་འབྱུང་།།

༦

།གང་གིས་ཆུ་རྒྱུན་སོ་དྲུག་གིས། །ཡིད་ནི་འདོད་པ་ལ་འཁྲིར་བའི། །ལྟ་ངན་ཀུན་དུ་རྟོག་པ་དང་། །ཆགས་པ་རྒྱས་པ་རླུང་གིས་འཁྲིར།།

༧

།ཆུ་བོའི་རྒྱུན་ནི་འབབ་པ་ཡིས། །འཁྲི་ཤིང་གྱེན་དུ་འཕགས་ཤིང་གནས། །འཁྲི་ཤིང་སྐྱེས་པ་དེ་མཐོང་ནས། །ཤེས་རབ་ཀྱིས་ནི་རྩ་བ་ཆོད།།

༨

།ཡིད་བདེ་བ་ཡི་སྐྱེ་བོ་ལ། །ཆུ་དང་སྣུམ་ནི་འབྱུང་བ་སྟེ། །ཆུ་འབབ་བདེ་བ་འཚོལ་བའི་མི། །སྐྱེ་དང་རྒ་ལ་ཉེ་བར་འགྲོ།།

༩

།སྲིད་པས་འཁྲིད་པའི་སྐྱེ་བོ་རྣམས། །རི་བོང་རྙི་ཡིས་ཟིན་བཞིན་འཁོར། །ཀུན་དུ་སྦྱོར་ལ་ཆགས་ཁྲོགས་ཅན། །ཡང་ཡང་སྡུག་བསྔལ་ཡུན་རིང་སྤྱོད།།

5

Even though a tree is felled, if its roots are undamaged it grows again. When the propensities toward craving are not destroyed, suffering will rise again and again.

6

The torrent of fanciful desires, wrong ideas, and strong attachments will sweep you away if your mind is caught up in the thirty-six currents of desire.

7

The streams are cascading down; the ivy takes hold and mounts the trees; when you see the ivy growing, use your good sense and cut away the roots.

8

The life of those beings with minds bent on happiness flows like oil mixed with water: They seek out the streams of pleasure, but they are caught in the oil of birth and old age.

9

Beings led by craving circle like rabbits caught in a snare. Bound by desire, they are fettered completely, for long ages of endless misery.

༡༠

།སྲིད་པས་འཁྲིད་པའི་སྐྱེ་བོ་རྣམས། །རི་བོང་རྐྱི་ཡིས་ཟིན་བཞིན་འཁོར། །དེས་ན་བདག་ཆགས་བྲལ་འདོད་པའི། །དགེ་སློང་སྲིད་པ་མི་འབྱུང་མཛོད།།

།འོད་མའི་ཚལ་དུའི།

༡༡

།མྱ་ངན་འདས་འདོད་ནགས་ཚལ་ལས། །ཐར་ནས་ནགས་ཚལ་ཉིད་དུ་རྒྱུགས། །གྲོལ་ནས་འཆིང་བ་ཁོ་ན་ལ། །རྒྱུགས་པའི་གང་ཟག་དེ་ལ་ལྟོས།།

།རྒྱལ་བྱེད་ཚལ་དུ་འོ།

༡༢

།ནོར་བུའི་གདུབ་ཀོར་བུ་དང་ཆུང་མ་ལ། །ལྟོས་པའི་ཆགས་པ་དག་ནི་སྲ་བ་སྟེ། །ལྕགས་དང་ཤིང་དང་ཐག་པ་གང་ཡིན་དེར། །མཁས་རྣམས་སྲ་བའི་འཆིང་བར་གསུངས་མ་ཡིན།།

༡༣

།འཆིང་བར་སླ་ཞིང་རབ་ཏུ་འགྲོལ་དཀའ་བ། །དེ་ལ་མཁས་རྣམས་འཆིང་བ་སྲ་བར་གསུངས། །དེ་ཡང་བཅད་ནས་རབ་ཏུ་བྱུང་བྱས་ཏེ། །ལྟོས་པ་མེད་པར་འདོད་པའི་བདེ་བ་སྤོངས།།

༡༤

།གང་དག་ཆགས་དང་ཞེན་པའི་རྒྱུན་འབེབས་པ། །སྲིན་བུ་སྡོམ་བཞིན་རང་གི་དྲྭ་བ་བྱེད། །དེ་ཡང་བཅད་ནས་རབ་བྱུང་མཁས་པ་རྣམས། །ལྟོས་པ་མེད་པར་སྡུག་བསྔལ་ཐམས་ཅད་སྤོངས།།

10

Beings led by craving circle like rabbits caught in a snare. The monk who wants to be free from attachment should never let craving appear.

Spoken in the Bamboo Grove:

11

He escapes from misery, fleeing the woods of attachment–but look how the freeman runs back to the forest! Look how the prisoner returns to his cell!

Spoken in the Jetavana Grove:

12

The wise man knows the strongest fetter is not made of iron, rope, or wood–the firmest bonds are attachment to spouse, to children, to jewels, to goods.

13

The wise man knows these are the strongest fetters, the easiest to bind one and the hardest to escape. The wise cut these bonds and, without looking back, renounce the world, giving up the pleasures of desire.

14

Beings are caught in the strands of desire and attachment; they are caught like spiders in their own webs. The wise cut through these bonds and renounce the world; they slip out of all their suffering, without a backward look.

༡༥

།མདུན་ནས་བཀྲོལ་ཞིང་རྒྱབ་ནས་བཀྲོལ། །དབུས་ནས་བཀྲོལ་ཏེ་སྲིད་པ་བརྒལ། །ཀུན་
ནས་རྣམ་པར་གྲོལ་བའི་ཡིད། །ཕྱིན་ཆད་སྐྱེ་ཤ་རྟེད་མི་འགྱུར།།

༡༦

།སྐྱེས་བུ་རྣམ་པར་རྟོག་པས་བཀྲུགས་གྱུར་པ། །ཆགས་པ་དྲག་པོས་སྡུག་པ་རྗེས་སུ་མཐོང་།
།དེ་རྣམས་ཕྱིར་ཞིང་སྲེད་པ་འཕེལ་བྱེད་དེ། །འཆིང་བ་བརྟན་པར་བྱེད་པ་ཙམ་དུ་ཟད།།

༡༧

།གང་ཞིག་རྣམ་རྟོག་ཉེ་བར་ཞི་བ་དགའ། །མི་སྡུག་བསྒོམ་ཞིང་རྟག་ཏུ་དྲན་པར་ལྡན། །དེ་
རྣམས་བཟློག་པར་བྱེད་པ་འབའ་ཞིག་སྟེ། །དེ་རྣམས་བདུད་ཀྱི་འཆིང་བ་གཅོད་པར་བྱེད།།

།བདུད་ལ་གསུངས་པ།

༡༨

།ངེས་པར་སོང་ཞིང་སྐྲག་པ་མེད། །སྲིད་པ་སྤངས་ཤིང་སྐྱོན་དང་བྲལ། །སྲིད་པའི་ཟུག
རྔུ་ལེགས་པར་སྤྱུངས། །འདི་ནི་སྐྱེ་བའི་མཐའ་མ་ཡིན།།

༡༩

།སྲིད་པ་སྤངས་ཤིང་ལེན་པ་བྲལ། །ངེས་པའི་ཚིག་དང་བརྗོད་པ་རིག། །ཡི་གེ་རྣམས
ཀྱི་གོ་རིམ་དང་། །སྔོན་དང་ཕྱི་མ་དག་ཀྱང་ཤེས། །མཐའ་མའི་ལུས་ནི་དེ་ཡིན་ཏེ།
།ཤེས་རབ་ཆེན་པོ་བུ་བར་བརྗོད།།

15

Cut yourself free from the bonds behind you; cut yourself free from the bonds ahead; cut yourself free from the bonds around you; cross over existence–birth and old age will cease to be when your mind is completely free.

16

Churned up by your fantasies, strong attachments make things look attractive–attachments increase your craving, strengthening the bonds that bind you.

17

Those who are always mindful, who joyfully quiet their fantasies and meditate on what they do not like–only they will change themselves, and cut the bonds of Māra.

Spoken to Māra:

18

The one who has reached certainty, who is fearless, who has abandoned desire and is free from all faults, the one who has extracted the thorns of existence, is in his final birth.

19

For one who has abandoned craving and is free from grasping, who knows languages and their interpretations, the combinations of the letters and their order before and after, this is the final birth. This one is called the Great Being, the Great Sage.

།ག་ཡཱུ་ནས་ག་ཞིགས་པ་ན་ནི།

༢༠

།ཐམས་ཅད་ཟིལ་གནོན་ཐམས་ཅད་རིག་པ་བདག །ཆོས་རྣམས་ཀུན་ལ་ཉེ་བར་སྒྲིབ་པ་མེད། །ཀུན་སྤངས་སྲིད་པ་ཟད་ཅིང་རྣམ་པར་གྲོལ། །རང་གིས་མངོན་པར་མཁྱེན་ལ་སློབ་དཔོན་སུ།།

།རྒྱལ་བྱེད་ཚལ་དུ་ནི།

༢༡

།ཆོས་ཀྱི་སྦྱིན་པ་སྦྱིན་པ་ཀུན་ལས་རྒྱལ། །ཆོས་ཀྱི་རོ་ནི་རོ་རྣམས་ཀུན་ལས་རྒྱལ། །ཆོས་ཀྱི་དགའ་བ་དགའ་བ་ཀུན་ལས་རྒྱལ། །སྲིད་པ་ཟད་པ་སྡུག་བསྔལ་ཀུན་ལས་རྒྱལ།།

།རྒྱལ་བྱེད་ཚལ་དུ་ནི།

༢༢

།ཕྱི་མ་འཚོལ་བར་མི་བྱེད་པའི། །བློ་གྲོས་ངན་པ་ནོར་གྱིས་གསོད། །ནོར་ལ་སྲེད་པའི་བློ་ངན་རྣམས། །གཞན་བཞིན་བདག་ཉིད་འགུམ་པར་བྱེད།།

།ལྭ་བ་དཀར་པོ་ལྷ་བུའི་རྗོ་ལེབ་དུ་ནི།

༢༣

།རྩྭ་རྣམས་ཞིང་གི་སྐྱོན་ཡིན་ཏེ། །འདོད་ཆགས་སྐྱེ་བོ་འདི་ཡི་སྐྱོན། །དེ་སླད་འདོད་ཆགས་བྲལ་བ་ལ། །སྦྱིན་པ་འབྲས་བུ་ཆེན་པོར་འགྱུར།།

༢༤

།རྩྭ་རྣམས་ཞིང་གི་སྐྱོན་ཡིན་ཏེ། །ཞེ་སྡང་སྐྱེ་བོ་འདི་ཡི་སྐྱོན། །དེ་སླད་ཞེ་སྡང་བྲལ་བ་ལ། །སྦྱིན་པ་འབྲས་བུ་ཆེན་པོར་འགྱུར།།

Spoken on the way from Gayā:

20

I have overcome all, I realize all; I am free from defilements in all things; I have abandoned all; extinguished craving; I am free. As I have manifested all knowledge, who could teach me?

Spoken in the Jetavana Grove:

21

The gift of the Dharma surpasses all gifts; the taste of the Dharma surpasses all tastes; the joy of the Dharma surpasses all joys; extinguish desire, and all suffering passes.

Spoken in the Jetavana Grove:

22

Wealth destroys the low-minded, those who do not look to the hereafter. In their desire for wealth fools destroy themselves, just as if they were slain by another.

At the White Carpet Stone:

23

Beings polluted by attachment are like fields blighted by weeds. If you would reap abundant fruit, give to those who are free of attachment.

24

Beings polluted by hatred are like fields blighted by weeds. If you would reap abundant fruit, give to those who are free of hatred.

༢༥

།རྩྭ་རྣམས་ཞིང་གི་སྐྱོན་ཡིན་ཏེ། །རྨོངས་པ་སྐྱེ་བོ་འདི་ཡི་སྐྱོན། །དེ་སླད་རྨོངས་པ་བྲལ་བ་ལ། །སྦྱིན་པ་འབྲས་བུ་ཆེན་པོར་འགྱུར།།

༢༦

།རྩྭ་རྣམས་ཞིང་གི་སྐྱོན་ཡིན་ཏེ། །སྲེད་པ་སྐྱེ་བོ་འདི་ཡི་སྐྱོན། །དེའི་སླད་སྲེད་པ་བྲལ་བ་ལ། །སྦྱིན་པ་འབྲས་བུ་ཆེན་པོར་འགྱུར།། ༎

།སྲེད་པའི་སྡེ་ཚན་ཏེ། །ལེའུ་ཉེར་བཞི་པའོ།།

25

Beings polluted by delusion are like fields blighted by weeds. If you would reap abundant fruit, give to those who are free of delusion.

26

Beings polluted by craving are like fields blighted by weeds. If you would reap abundant fruit, give to those who are free of craving.

།དགེ་སློང་གི་སྡེ་ཚན།

།རྒྱལ་བྱེད་ཚལ་དུ་འོ།

༡

།མིག་ནི་སྡོམ་པ་ལེགས་པ་སྟེ། །རྣ་བ་སྡོམ་པ་ལེགས་པ་ཡིན། །སྣ་ནི་སྡོམ་པ་ལེགས་པ་སྟེ། །ལྕེ་ནི་སྡོམ་པ་ལེགས་པ་ཡིན།།

༢

།ལུས་ནི་སྡོམ་པ་ལེགས་པ་སྟེ། །ངག་ནི་སྡོམ་པ་ལེགས་པ་ཡིན། །ཡིད་ནི་སྡོམ་པ་ལེགས་པ་སྟེ། །ཐམས་ཅད་དུ་ནི་སྡོམ་པ་ལེགས། །ཐམས་ཅད་སྡོམ་པའི་དགེ་སློང་ནི། །སྡུག་བསྔལ་ཀུན་ལས་རབ་ཏུ་གྲོལ།།

༣

།ལག་པ་སྡོམ་ཞིང་རྐང་པ་ཡང་དག་སྡོམ། །ངག་ནི་ཡང་དག་སྡོམ་པ་སྡོམ་པའི་མཆོག། །ནང་གི་བདག་ཉིད་དགའ་ཞིང་མཉམ་བཞག་པ། །གཅིག་པུ་ཚོག་ཤེས་དགེ་སློང་བྱ་བར་བརྗོད།།

༤

།གང་ཞིག་ཁ་ནི་སྡོམ་བྱེད་ཅིང་། །རན་པར་སྨྲ་ཞིང་དྲེགས་པ་མེད། །དོན་དང་ཆོས་ནི་གསལ་བྱེད་པ། །དགེ་སློང་དེ་ཡི་ཚིག་སྙན་འགྱུར།།

Monks

Spoken in the Jetavana Grove:

1

It is wise to restrain your eyes, to restrain your ears; it is wise to restrain your nose, to restrain your tongue.

2

It is wise to restrain your body, to restrain your speech, to restrain your mind–to restrain yourself in everything. The monk who is always self-restrained is free from all suffering.

3

The one who has true self-restraint, who restrains his hands and feet and restrains his speech–the one who has inner joy and balance and is content in solitude, this one is called a monk.

4

A monk is one who restrains his tongue, whose speech is timely and never proud. A monk is one whose words are sweet, who illuminates the Dharma and its aim.

༥

།ཆོས་ལ་གནས་ཤིང་ཆོས་ལ་དགའ། །ཆོས་ལ་རྗེས་སུ་སེམས་བྱེད་པ། །དགེ་སློང་ཆོས་ནི་རྗེས་དྲན་པ། །དམ་པའི་ཆོས་ལས་ཉམས་མི་འགྱུར།།

༦

།རང་གི་རྙེད་པས་མི་ཁེངས་ཤིང་། །གཞན་གྱི་རྙེད་ལ་ཆགས་མི་བྱ། །གཞན་གྱི་རྙེད་པ་ལ་ཆགས་པའི། །དགེ་སློང་ཏིང་འཛིན་འཐོབ་མི་འགྱུར།།

༧

།རྙེད་པ་ཆུང་ཡང་དགེ་སློང་ནི། །རང་གི་རྙེད་པས་མི་ཁེངས་པ། །གཡིང་མེད་དག་པའི་འཚོ་བ་ཅན། །དེ་ལ་ལྷ་རྣམས་བསྔགས་པར་བྱེད།།

༨

།མིང་དང་གཟུགས་ནི་ཐམས་ཅད་ལ། །གང་ཞིག་བདག་གིར་མི་བྱེད་ཅིང་། །མེད་པ་ལ་ཡང་མྱ་ངན་མེད། །དེ་ནི་དགེ་སློང་ཞེས་བྱར་བརྗོད།།

༩

།དགེ་སློང་བྱམས་པ་ལ་གནས་པ། །སངས་རྒྱས་བསྟན་ལ་དྭངས་པ་ནི། །འདུ་བྱེད་ཉེ་བར་ཞི་བ་ཡི། །ཞི་བ་བདེ་བའི་གོ་འཕང་འཐོབ།།

5

The monk who lives by the Dharma, who rejoices in the Dharma, aspires to the Dharma, is mindful of the Dharma, will never fall away from the holy Dharma.

6

A monk should not be vain of his own success, or be obsessed with the success of others. The monk who is upset by another's gain will never attain samādhi.

7

A monk who gains a little but does not boast of what he gains, a monk whose life is pure and undisturbed, is praised even by the gods.

8

The one who has no thoughts of 'I' or 'mine' towards any name or form, who is never unhappy in doing without, such a man is called a monk.

9

The monk who lives in loving kindness and clear vision of the Buddha's teachings, whose karmic propensities have been stilled, obtains the highest happiness of peace.

༡༠

།དགེ་སློང་གྲུ་འདི་སྟོང་བར་གྱིས། །སྟོང་ན་ཁྱེད་ཅག་མྱུར་དུ་སླེབས། །ཆགས་དང་ཞེ་སྡང་བཅད་ནས་ཀྱང་། །མྱ་ངན་འདས་པ་འཐོབ་པར་འགྱུར།།

༡༡

།ལྔ་ནི་གཅོད་ཅིང་ལྔ་ནི་སྤོངས། །ཕྱི་མ་ལྔ་ནི་བསྒོམ་པར་གྱིས། །དགེ་སློང་གྲོགས་པ་ལྔ་འདས་པ། །ཀླབས་ལས་བརྒལ་བ་བྱ་བར་བརྗོད།།

༡༢

།དགེ་སློང་ཁྱེད་ནི་བག་མེད་མ་མཛད་བསྒོམས། །སེམས་ནི་འདོད་ཡོན་རྣམས་ལ་འཁྲུལ་མི་བྱ། །བག་མེད་ལྕགས་ཀྱི་ཐོ་ལུམ་མ་ཟ་ཞིག། །ཚིག་ཅིང་སྡུག་བསྔལ་འདི་ཞེས་མི་ངུ་མཛོད།།

༡༣

།ཤེས་རབ་མེད་ལ་བསམ་གཏན་ཡོད་མིན་ཏེ། །བསམ་གཏན་མེད་ལ་ཤེས་རབ་ཡོད་མ་ཡིན། །གང་ལ་བསམ་གཏན་ཤེས་རབ་ལྡན་གྱུར་པ། །དེ་ནི་མྱ་ངན་འདས་པའི་གམ་ན་གནས།།

༡༤

།སྟོང་པའི་ཁྱིམ་ན་རབ་གནས་པའི། །དགེ་སློང་ཞི་བའི་སེམས་ལྡན་པ། །ཡང་དག་ཆོས་རབ་མཐོང་བ་ལ། །མི་ལས་འདས་པའི་དགའ་བ་འབྱུང་།།

10

O Monks, empty the boat! When it is empty you will quickly reach your destination. Throw overboard all attachment and hatred, and you will obtain nirvana.

11

Cut away the five hindrances; cast off the five longings; develop the five virtues. Monks who transcend the five obstructions are called: "Those who have crossed the waves."

12

Monks! Meditate and be vigilant. Do not let the mind's demands delude you. Do not swallow the burning iron ball of your mistakes that will cause you to scream in agony.

13

Without wisdom there is no meditation; without meditation there is no wisdom. Whoever is endowed with both meditation and wisdom abides very near to nirvana.

14

A monk of peaceful mind, abiding in an empty house, beholds the true Dharma, and his joy transcends all mortal joy.

༡༥

།གང་དང་གང་ལས་ཕུང་པོ་རྣམས། །སྐྱེས་ཤིང་ཟད་པ་རབ་བཙལ་ཏེ། །དགའ་མགུ་ཡི་རང་རྙེད་གྱུར་པ། །དེ་ནི་མཁས་པའི་བདུད་རྩི་ཉིད།།

༡༦

།དེ་ལ་ཤེས་རབ་ལྡན་པའི་དགེ་སློང་ལ། །འདི་རྣམས་འདི་ན་ཐོག་མར་དགོས་པ་སྟེ། །དབང་པོ་རྣམས་ནི་སྲུང་ཞིང་ཆོག་ཤེས་ལྡན། །སོ་སོར་ཐར་པ་ཡང་དག་སྡོམ་པ་དང་། །དགེ་བའི་བཤེས་གཉེན་རྣམས་ལ་བསྟེན་གྱུར་ཅིང་། །འཚོ་བ་དག་ཅིང་ལེ་ལོ་མེད་པ་འོ།།

༡༧

།སོ་སོར་རྒྱས་ལ་ཞུགས་པ་ཡི། །ཀུན་དུ་སྤྱོད་པ་དགེ་བར་གྱིས། །དགེ་སློང་དགའ་བ་མང་པོ་བ། །སྡུག་བསྔལ་མཐའ་མར་བྱེད་པར་འགྱུར།།

།རྒྱལ་བྱེད་ཚལ་དུ་འོ།

༡༨

།ཀྱུ་ཆར་གྱིས་ནི་མེ་ཏོག་གི། །འདབ་མ་རྙིང་པ་ལྷུང་བྱེད་པ། །དེ་བཞིན་ཆགས་དང་སྡང་བ་ཡང་། །དགེ་སློང་རྣམས་ཀྱིས་སྤོང་བར་གྱིས།།

༡༩

།ཞི་བའི་ལུས་ལ་ཞི་བའི་ངག། །ཞི་བའི་ཡིད་ནི་མཉམ་བཞག་པ། །འཇིག་རྟེན་ཟང་ཟིང་བོར་བ་ནི། །དགེ་སློང་ཉེ་བར་ཞི་ཞེས་བརྗོད།།

15

Whoever investigates the arising and destruction of the elements of body and mind and from what they arise will obtain delight and joy. This is the ambrosia of the wise.

16

To gain this wisdom a monk must begin to lead a pure life and never be lazy. He must guard the senses and be content, be true to the Rule of liberation, and rely on spiritual friends of virtue.

17

Perfect in all action, virtue permeating all he does, the monk has many joys, and puts an end to suffering.

Spoken in the Jetavana Grove:

18

As the jasmine lets fall its withered flowers, let monks abandon all attachment and hatred.

19

Perfectly serene, with quiet body, quiet speech, and quiet mind, the monk rejects all the attractions of the world and thus is called a man of peace.

༢༠

།རང་གིས་རང་ལ་བསྐུལ་བར་བྱ། །རང་གིས་རང་ལ་བརྟག་པར་བྱ། །རང་ཉིད་སྲུང་ཞིང་དྲན་ལྡན་པའི། །དགེ་སློང་བདེ་ལ་སྤྱོད་པར་འགྱུར།།

༢༡

།རང་ཉིད་རང་གི་མགོན་ཡིན་ཞིང་། །རང་གི་སྐྱབས་ནི་རང་ཉིད་ཡིན། །དེས་ན་ཚོང་བས་རྟ་བཟང་བཞིན། །རང་གིས་རང་ཉིད་སྡོམ་པར་བྱ།།

།འོད་མའི་ཚལ་དུ་འོ།

༢༢

།དགེ་སློང་དགའ་བ་མང་པོ་བ། །སངས་རྒྱས་བསྟན་ལ་དྭངས་པ་ཅན། །འདུ་བྱེད་ཉེ་བར་ཞི་བ་ཡི། །ཞི་བ་བདེ་བའི་གོ་འཕང་འཐོབ།།

།ཤར་གྱི་ནགས་སུ་འོ།

༢༢

།དགེ་སློང་གང་ཞིག་གཞོན་ན་ཡང་། །སངས་རྒྱས་བསྟན་ལ་བརྩོན་པ་དེ། །སྤྲིན་ལས་གྲོལ་བའི་ཟླ་བ་བཞིན། །འཇིག་རྟེན་འདི་ན་རབ་གསལ་འགྱུར།། །།

།དགེ་སློང་གི་སྡེ་ཚན་ཏེ། །ལེའུ་ཉེར་ལྔ་པ་འོ།།

20

Rouse yourself by your own efforts! Watch yourself and guard yourself. The monk who acts with mindfulness, truly acts in happiness.

21

You are your own protector; you are your own refuge. Therefore control yourself, as a merchant controls a spirited horse.

Spoken in the Bamboo Grove:

22

The monk who is full of joy, who has clear vision of the Buddha's teachings, whose karmic propensities have been stilled, obtains the highest happiness of peace.

Spoken in the Eastern Forest:

23

A monk, however young, who strives in the Buddha's teachings is like the moon emerging from the clouds and lighting up the world.

།བྲམ་ཟེའི་སྡེ་ཚན།

།རྒྱལ་བྱེད་ཚལ་དུ་འོ།

༡

།བྲམ་ཟེ་ཆུ་བོའི་རྒྱུན་བཅད་ནས། །རྩོལ་གྱིས་ཙོན་ལ་འདོད་པ་ཆོམས། །འདུས་བྱས་ཟད་པ་ཤེས་ནས་ཀྱང་། །བྲམ་ཟེ་འདུས་མ་བྱས་ཤེས་འགྱུར།

༢

།བྲམ་ཟེ་ཆོས་ནི་གཉིས་པོ་དག། །གང་ཚེ་ཕ་རོལ་སོན་གྱུར་པ། །དེ་ནས་ཤེས་ལྡན་འདི་ཡི་ནི། །ཀུན་སྦྱོར་ཐམས་ཅད་ནུབ་པར་འགྱུར།།

༣

།གང་ལ་ཕ་རོལ་ཚུ་རོལ་དམ། །ཕན་ཚུན་དག་ནི་མ་མཆིས་པ། །འཇིགས་པ་བྲལ་ཞིང་ཀུན་སྦྱོར་མེད། །དེ་ལ་བདག་ནི་བྲམ་ཟེར་བརྗོད།།

༤

།བསམ་གཏན་རྡུལ་བྲལ་ཡང་དག་འཇོག། །བྱ་བ་བྱས་ཤིང་ཟག་པ་མེད། །མཆོག་གི་དོན་ནི་རྗེས་ཐོབ་པ། །དེ་ལ་བདག་ནི་བྲམ་ཟེར་བརྗོད།།

The Brahmin

Spoken in the Jetavana Grove:

1

O Brahmin, cut off the stream and conquer your desire! Conquer it completely! You have seen the destruction of conditioned things. Come now, O Brahmin, to know the Unconditioned.

2

When with the two dharmas (of peace and insight) the brahmin travels to the other shore, all fetters will fall away and vanish for this one of knowledge.

3

Neither this shore nor that, neither here nor there exist, for the one, fearless and unfettered, I call brahmin.

4

Contemplative, unblemished, and completely balanced, doing what ought to be done and free from defilement, this one who attains the most excellent aim, I call brahmin.

།ཀུན་དགའ་བོ་ལ་གསུངས་པ།

༤

།ཉིན་མོ་ཉི་མ་གཟི་ལྡན་ཞིང་། །མཚན་མོ་ཟླ་བ་འོད་ཟེར་འཕྲོ། །རྒྱལ་རིགས་ཁྲབ་གྱོན་གཟི་ལྡན་ཏེ། །བསྒོམ་ན་བྲམ་ཟེ་གཟི་དང་ལྡན། །འོན་ཀྱང་རྫོགས་པའི་སངས་རྒྱས་ནི། །ཉིན་མཚན་ཀུན་ཏུ་གཟི་བརྗིད་འབར།།

།རྒྱལ་བྱེད་ཚལ་དུ་འོ།

༥

།སྡིག་པ་སྤངས་པར་བྱས་ན་བྲམ་ཟེ་སྟེ། །ཡང་དག་སྤྱོད་པ་ལྡན་ན་དགེ་སྦྱོང་ཉིད། །རང་ཉིད་དྲི་མ་རྣམས་ལས་རབ་བྱུང་བ། །དེས་ན་རབ་ཏུ་བྱུང་བ་ཞེས་བྱར་བརྗོད།།

།ཤཱ་རིའི་བུ་ལ་གསུངས་པ།

༦

།བྲམ་ཟེ་ལ་ནི་བརྡེག་མི་བྱ། །དེ་ལ་བྲམ་ཟེ་ཁྲོ་མི་བྱ། །ཀྱི་མ་བྲམ་ཟེ་བརྡེག་པ་ངན། །དེ་ལས་དེ་ལ་ཁྲོ་བ་ངན།།

༧

།ཡིད་ཀྱི་དགའ་བ་བཟློག་ན་བྲམ་ཟེ་ལ། །འདི་ཡིས་ཕན་པ་ཅུང་ཟད་ཡོད་མིན་ཏེ། །ཇི་ལྟ་ཇི་ལྟར་འཚེ་བའི་སེམས་ཞི་བ། །དེ་ལྟ་དེ་ལྟར་སྡུག་བསྔལ་ཞི་བ་ཉིད།།

།གོཊྚ་ད་མི་ལ་གསུངས་པ།

༨

།གང་གི་ལུས་དང་ངག་དང་ནི། །ཡིད་ཀྱིས་ཉེས་པར་མི་བྱེད་པ། །གནས་སྐབས་གསུམ་གྱིས་སྡོམ་པ་ཅན། །དེ་ལ་བདག་ནི་བྲམ་ཟེར་བརྗོད།།

Spoken to Ānanda:

5

The sun shines brightly throughout the day, and the moon shines at night. The prince is splendid when in his armor, and the brahmin when in his meditation. But the radiance of the Perfect Buddha blazes forth both day and night.

Spoken in the Jetavana Grove:

6

If you have abandoned wickedness, you are a brahmin. If you have perfect conduct, you are a monk. If you have removed all your own impurities, you are called Renunciate.

Spoken concerning Śāriputra:

7

No one should strike a brahmin, but being struck, no brahmin should feel anger. Alas! misfortune for the one who harms a brahmin, but greater misfortune for the brahmin who turns in anger.

8

When the brahmin turns his mind from pleasure, no small benefit arises. When he quiets all vindictiveness, then he quiets that much suffering.

Spoken concerning Gautamī:

9

Whoever causes no harm by body, speech, or mind, and is restrained in all these three, that one I call a brahmin.

།ཤཱ་རིའི་བུ་ལ་གསུངས་པ།

༡༠

།རྟོགས་པའི་སངས་རྒྱས་བསྟན་པ་ཡི། །ཆོས་ནི་སུ་ལས་ཤེས་གྱུར་ན། །བཀུར་བསྟི་ཕྱག་འཚལ་དེ་ལ་བྱ། །སྦྱིན་སྲེག་མེ་ལ་བྲམ་ཟེས་བཞིན།།

།རྒྱལ་བྱེད་ཚལ་དུ་འོ།

༡༡

།རལ་པ་རིགས་དང་རུས་དག་གིས། །བྲམ་ཟེ་ཉིད་དུ་མི་འགྱུར་ཏེ། །གང་ལ་བདེན་དང་ཆོས་ཡོད་པའི། །དག་པ་དེ་ནི་བྲམ་ཟེ་ཡིན།།

།ཡངས་པ་ཅན་དུ་འོ།

༡༢

།བླུན་པོ་རལ་པས་ཁྱོད་ལ་ཅི། །པགས་པའི་གཡང་གཞིས་ཁྱོད་ལ་ཅི། །ཁྱོད་ཀྱི་ནང་ནི་གཙོག་པས་གང་། །ཕྱི་རོལ་ཡོངས་སུ་བཀྲུ་བར་བྱེད།།

།བྱ་རྒོད་ཕུང་པོའི་རི་ལ་འོ།

༡༣

།རྡུལ་གྱིས་བགྲིགས་པའི་གོས་གྱོན་ཞིང་། །ལུས་ནི་རིད་ཅིང་རྒྱུས་པས་གཡོགས། །ནགས་ན་གཅིག་པུར་བསྒོམ་བྱེད་པ། །དེ་ལ་བདག་ནི་བྲམ་ཟེར་བརྗོད།།

༡༤

།བྲམ་ཟེ་ཡིན་བཞིན་སྐྱེ་གནས་དང་། །མ་ལས་འབྱུང་ཞེས་བདག་མི་སྨྲ། །དེ་ནི་བྷོ་སྒྲོགས་བྱ་བ་དང་། །དེ་ནི་ནོར་ཅན་ཡིན་དུ་ཟད། །ཅི་ཡང་མེད་ཅིང་མི་ལེན་པ། །དེ་ལ་བདག་ནི་བྲམ་ཟེར་བརྗོད།།

Spoken concerning Śāriputra:

10

Honor the one who shows you the Dharma—the Teachings of the perfect Buddha. Show this one the same respect and awe that the brahmin shows the sacrificial fire.

Spoken in the Jetavana Grove:

11

Not by lineage, not by birth, not by uncut hair does one become a brahmin. The one who has truth and the Dharma, the pure one is a brahmin.

Spoken at Vaiśālī:

12

What use is your long hair, you foolish man! What use is your antelope skin? You cleanse and purify your outside so well, but inside you are most unclean.

Spoken at Vulture Peak:

13

The one who wears dust-covered rags and is so thin his ribs stand out, the one who meditates in the forest alone, that one I call a brahmin.

14

I do not call someone a brahmin because he belongs to a family of brahmins, because he was born to a brahmin mother, or puts on airs or has wealth. But the one who has nothing at all and is attached to nothing at all, that one I call a brahmin.

༢༤

།ཀུན་དུ་སྦྱོར་བ་ཀུན་བཅད་ནས། །གང་ཞིག་ཡོངས་སུ་མི་འཇིགས་པ། །གྲོགས་པ་འདས་ཤིང་སྦྱོར་བ་བྲལ། །དེ་ལ་བདག་ནི་བྲམ་ཟེར་བརྗོད།།

༢༥

།ཁྲོ་བའི་དྲྭ་བ་སྲིད་པའི་གཟེབ། །ཐེ་ཚོམ་སྐྲོག་ནི་འཁོར་བཅས་བཅད། །སྒྲིབ་པའི་གེགས་བསལ་སངས་རྒྱས་པ། །དེ་ལ་བདག་ནི་བྲམ་ཟེར་བརྗོད།།

༢༦

།དགྲ་དང་གཉེན་ལ་མི་འཁོན་ཞིང་། །གང་ཞིག་ཁྲོ་མེད་བཟོད་པར་བྱེད། །བཟོད་པའི་སྟོབས་ཀྱི་དམག་སྡེ་ཅན། །དེ་ལ་བདག་ནི་བྲམ་ཟེར་བརྗོད།།

༢༧

།མི་ཁྲོ་བ་དང་བརྟུལ་ཞུགས་ཅན། །ཚུལ་ཁྲིམས་ལྡན་ཞིང་མང་དུ་ཐོས། །དུལ་ཞིང་མཐའ་མའི་ལུས་འཛིན་པ། །དེ་ལ་བདག་ནི་བྲམ་ཟེར་བརྗོད།།

༢༨

།མེ་ཏོག་འདབ་མར་ཆུ་བཞིན་དང་། །ཁབ་ཀྱི་རྩེ་ལ་ཡུངས་ཀར་བཞིན། །སུ་ཞིག་འདོད་པས་མི་གོས་པ། །དེ་ལ་བདག་ནི་བྲམ་ཟེར་བརྗོད།།

15

Whoever has cut every tie, whoever is totally fearless, whoever is unfettered and truly unhindered, this one I call a brahmin.

16

Whoever has cut through the net of aversion, the cage of desire, the chains of doubt, and all the attendant bonds—whoever has removed the hindrance of defilement, who is awakened, this one I call a brahmin.

17

One whose army is the power of patience, who quarrels with neither friend nor foe, who endures everything without anger—this one I call a brahmin.

18

Free of resentment, his practice firm, self-disciplined, determined, and full of understanding, he who is in his final birth—this one I call a brahmin.

19

Just as water slips from the flower's petal, and the mustard seed falls from the needle's point, desire does not settle upon the one I call a brahmin.

༢༠

།སུ་ཞིག་འདི་ན་བདག་ཉིད་ཀྱིས། །སྡུག་བསྔལ་ཟད་པ་རབ་ཏུ་ཤེས། །ཁུར་ནི་བོར་ཞིང་ཀུན་སྦྱོར་བྲལ། །དེ་ལ་བདག་ནི་བྲམ་ཟེར་བརྗོད།།

༢༡

།མཁས་པ་ཟབ་མོའི་ཤེས་རབ་ཅན། །ལམ་དང་ལམ་མ་ཡིན་པ་ཤེས། །མཆོག་གི་དོན་ནི་རྗེས་ཐོབ་པ། །དེ་ལ་བདག་ནི་བྲམ་ཟེར་བརྗོད།།

༢༢

།ཁྱིམ་པ་དང་ནི་རབ་བྱུང་སྟེ། །གཉིས་ཀ་ལ་ཡང་འདྲིས་མི་བྱེད། །ངེས་མེད་རྒྱུ་ཞིང་འདོད་པ་ཆུང་། །དེ་ལ་བདག་ནི་བྲམ་ཟེར་བརྗོད།།

༢༣

།གང་གིས་རྒྱུ་དང་མི་རྒྱུ་བའི། །འབྱུང་པོ་རྣམས་ལ་ཆད་པ་སྤངས། །གསོད་པར་མི་བྱེད་བརྡེག་མི་བྱེད། །དེ་ལ་བདག་ནི་བྲམ་ཟེར་བརྗོད།།

༢༤

།གཞི་བའི་ནང་ན་མི་གཞི་ཞིང་། །དབྱུག་ཐོགས་ནང་ན་ཞི་བར་སྤྱོད། །ལེན་པ་ཅན་ནང་མི་ལེན་པ། །དེ་ལ་བདག་ནི་བྲམ་ཟེར་བརྗོད།།

20

Whoever knows the end of suffering, even in this very life, who has cast aside the burden and is free from bondage, this one I call a brahmin.

21

The one whose wisdom is profound, who knows the right path from the wrong, who has obtained the most excellent aim, this one I call a brahmin.

22

The one who wanders without destination, who remains aloof from both householders and monks, the one with few desires, this one I call a brahmin.

23

One who never punishes any living creature either strong or weak, who never kills or even strikes another, such a one I call a brahmin.

24

The one who is tolerant among the intolerant, and peaceful among the violent, who is unattached among the avaricious, this one I call a brahmin.

༢༥

།ཁབ་ཀྱི་རྩེ་ནས་ཡུངས་ཀར་བཞིན། །གང་གི་འདོད་ཆགས་ཞེ་སྡང་དང་། །ང་རྒྱལ་ཕྲག་དོག་ལྷུང་གྱུར་པ། །དེ་ལ་བདག་ནི་བྲམ་ཟེར་བརྗོད།།

༢༦

།རྒྱུབ་རིག་བྲལ་ཞིང་ཡོངས་གྲགས་ཀྱི། །བདེན་པའི་གཏམ་ནི་གང་སྨྲས་པས། །སུ་ལ་ཡང་ནི་མི་གནོད་པ། །དེ་ལ་བདག་ནི་བྲམ་ཟེར་བརྗོད།།

༢༧

།གང་གིས་རིང་པོ་ཐུང་ངུ་འམ། །ཕྲ་སྦོམ་ལེགས་ཉེས་གང་ཡང་རུང་། །འཇིག་རྟེན་མ་བྱིན་མི་ལེན་པ། །དེ་ལ་བདག་ནི་བྲམ་ཟེར་བརྗོད།།

༢༨

།འཇིག་རྟེན་འདི་དང་གཞན་དུ་ཡང་། །གང་ལ་ཆགས་པའི་གཞི་མེད་པ། །ཆགས་པའི་གཞི་མེད་ཀུན་སྦྱོར་བྲལ། །དེ་ལ་བདག་ནི་བྲམ་ཟེར་བརྗོད།།

༢༩

།གང་ལ་ཀུན་གཞི་མེད་གྱུར་ཅིང་། །ཀུན་ཤེས་ཐེ་ཚོམ་མི་དྲི་བ། །བདུད་རྩི་ཁོང་དུ་ཚུད་པ་ཐོབ། །དེ་ལ་བདག་ནི་བྲམ་ཟེར་བརྗོད།།

25

The one whose desire and hatred, pride and envy have fallen away like a mustard seed from the point of a needle, this one I call a brahmin.

26

The one who speaks the truth with such sincerity and gentleness that no one could take offense, this one I call a brahmin.

27

The one who takes nothing in this world which is not given—nothing long or short, small or large, good or bad—this one I call a brahmin.

28

He is free from the very basics of desire for this world or for the next, he is the unfettered one, the desireless one—this one I call a brahmin.

29

With complete knowledge free from all doubt, wide-open and unattached, he has won the understanding of immortality—this one I can a brahmin.

༣༠

།འདི་ན་བསོད་ནམས་སྡིག་པ་ཡི། །ཐོགས་པ་གཉིས་པོ་གང་གིས་སྤངས། །མྱ་ངན་མེད་ཅིང་རྡུལ་མེད་དག། །དེ་ལ་བདག་ནི་བྲམ་ཟེར་བརྗོད།།

༣༡

།དྲི་མ་མེད་པ་ཟླ་བ་བཞིན། །དག་ཅིང་དྭངས་ལ་ར་རི་མེད། །དགའ་བའི་སྲིད་པ་ཡོངས་སུ་ཟད། །དེ་ལ་བདག་ནི་བྲམ་ཟེར་བརྗོད།།

༣༢

།གང་འདིར་ལོག་ལམ་བགྲོད་དཀའ་བའི། །འཁོར་བ་རྨོངས་པ་སྤངས་བྱས་ཏེ། །བརྒལ་ཅིང་ཕ་རོལ་སོན་གྱུར་པ། །བསམ་གཏན་གཡོ་མེད་ཐེ་ཚོམ་ཆོད། །ཉེ་བར་ལེན་པ་མེད་ཅིང་ཞི། །དེ་ལ་བདག་ནི་བྲམ་ཟེར་བརྗོད།།

༣༣

།འདི་ན་གང་ཞིག་འདོད་པ་རྣམས། །སྤངས་ནས་ཁྱིམ་མེད་རབ་ཏུ་བྱུང་། །འདོད་པའི་དངོས་པོ་ཡོངས་ཟད་པ། །དེ་ལ་བདག་ནི་བྲམ་ཟེར་བརྗོད།།

༣༤

།འདི་ན་གང་ཞིག་སྲིད་པ་རྣམས། །སྤངས་ནས་ཁྱིམ་མེད་རབ་ཏུ་བྱུང་། །སྲིད་པའི་དངོས་པོ་ཡོངས་ཟད་པ། །དེ་ལ་བདག་ནི་བྲམ་ཟེར་བརྗོད།།

30

He has thrown aside the obstructions of both merit and of sin; he is without blemish, free from sorrow, and pure—this one I call a brahmin.

31

Shining like the stainless moon, pure and faultless and clear, the one who has destroyed the craving for pleasure—this one I call a brahmin.

32

He has abandoned the delusion of samsara, the path of error so painful to follow, and has reached the farther shore; contemplative, free of wavering and doubt, he is unattached and peaceful—this one I call a brahmin.

33

Forsaking all desires he becomes a homeless monk and then completely eradicates all desire—this one I call a brahmin.

34

Forsaking all craving, he becomes a homeless monk and then completely eradicates all craving—this one I call a brahmin.

༣༥

།མི་ཡི་སྦྱོར་བ་སྤངས་བྱས་ཤིང་། །ལྷ་ཡི་སྦྱོར་བ་རབ་བཏང་སྟེ། །སྦྱོར་བ་ཀུན་དང་མི་ལྡན་པ། །དེ་ལ་བདག་ནི་བྲམ་ཟེར་བརྗོད།།

༣༦

།དགའ་དང་མི་དགའ་བོར་བྱས་ཏེ། །བསིལ་བར་གྱུར་ཅིང་ཆགས་པ་བྲལ། །དཔའ་བོ་འཇིག་རྟེན་ཀུན་གནོན་པ། །དེ་ལ་བདག་ནི་བྲམ་ཟེར་བརྗོད།།

༣༧

།ཐམས་ཅད་ཀུན་ཏུ་སེམས་ཅན་གྱི། །འཆི་འཕོ་བ་དང་སྐྱེ་བ་རིག། །ཆགས་མེད་བདེར་གཤེགས་སངས་རྒྱས་པ། །དེ་ལ་བདག་ནི་བྲམ་ཟེར་བརྗོད།།

༣༨

།གང་གི་འགྲོ་བ་ལྷ་རྣམས་དང་། །དྲི་ཟ་མི་ཡིས་མི་ཤེས་པར། །ཟག་པ་ཟད་ཅིང་དགྲ་བཅོམ་པ། །དེ་ལ་བདག་ནི་བྲམ་ཟེར་བརྗོད།།

༣༩

།གང་ལ་སྔོན་དང་ཕྱི་མ་དང་། །དཀྱིལ་ན་ཅི་ཡང་མི་བདོག་ཅིང་། །ཅི་ཡང་མེད་ཅིང་ལེན་མེད་པ། །དེ་ལ་བདག་ནི་བྲམ་ཟེར་བརྗོད།།

35

He has cast off all the attachments of men and has given up the attachments of the gods–free from every fetter is this one I call a brahmin.

36

He has left behind both joy and sorrow; he is cool and passionless; the hero who has overcome the world–this one I call a brahmin.

37

He knows the birth and death of all beings everywhere; he is free from attachment, gone to bliss, the awakened one–this one I call a brahmin.

38

His way is unknown by gods, gandharvas, or men; all the defilements are extinguished: He is an Arhat–this one I call a brahmin.

39

He possesses nothing whatsoever in the space of past, the future, or the center of time. He holds to nothing and clings to nothing–this one I call a brahmin.

།སོར་ཕྲེང་ཅན་ལ་གསུངས་པ།

༨༠

།ཁྱུ་མཆོག་གཙོ་བོ་དཔའ་བོ་སྟེ། །དྲང་སྲོང་ཆེན་པོ་རྣམ་པར་རྒྱལ། །གཡོ་མེད་ཁྲུས་མཛད་སངས་རྒྱས་པ། །དེ་ལ་བདག་ནི་བྲམ་ཟེར་བརྗོད།།

༨༡

།གང་གིས་སྔོན་གྱི་གནས་མཁྱེན་ཅིང་། །མཐོ་རིས་དང་ནི་དམྱལ་བ་གཟིགས། །སྐྱེ་བ་ཟད་པ་བརྙེས་གྱུར་ཏེ། །མངོན་ཤེས་མཐར་ཕྱིན་ཐུབ་པ་ནི། །མཛད་པ་ཐམས་ཅད་ཡོངས་མཛད་པ། །དེ་ལ་བདག་ནི་བྲམ་ཟེར་བརྗོད།། །།

།བྲམ་ཟེའི་སྡེ་ཚན་ཏེ། །ལེའུ་ཉེར་དྲུག་པ་འོ།།

Spoken concerning Aṅgulimālā:

40

He is the hero, the chief, the leader, the Great Sage, and the Conqueror, unwavering and purified, the awakened one–this one I call a brahmin.

41

He knows his former births, and sees both the heavens and hells. He has obtained the end of birth–with highest knowledge he has reached the end. He is the sage whose deeds are all achieved, this one I call a brahmin.

༎འཕགས་པ་གནས་བརྟན་པ་རྣམས་ཀྱི་མདོ་སྡེའི་སྡེ་སྣོད་དུ་བསྡུས་པ་ལས། །ཕྲན་ཚེགས་ཀྱི་མདོ་ཕྲན་གཉིས་པ་ཆོས་ཀྱི་ཚིགས་སུ་བཅད་པ་ཞེས་བྱ་བ་རྫོགས་སོ༎ །འདྲེན་པ་ཆེན་པོ་གནས་བརྟན་དྷརྨ་ནནྡའི་ཞབས་དྲུང་དུ་ཞུས་ཏེ། །སིངྒ་ལ་དཔལ་རལ་གྱིའི་རི་བོའི་དགོན་པར་དགེ་འདུན་ཆོས་འཕེལ་གྱིས་བསྒྱུར་བ་རྫོགས་སོ༎ ༎

།རིང་ནས་འདྲིས་པའི་རང་ཁྱིམ་ངོས་ཟིན་ཅིང་། །ཚོ་རབས་སྔ་མའི་ལས་ཀྱི་འཕྲོ་སྙིད་དེ། །དུས་ཀྱི་མཐར་ཡང་རྫོགས་པའི་སངས་རྒྱས་གསུང་། །གསར་དུ་བསྒྱུར་བའི་དགའ་བ་གང་གིས་མཚོན༎ །མི་ལོ་བརྒྱད་བརྒྱའི་ཡུན་ལ་རྒྱ་གར་དུ། །མ་སླེབས་ཕྱི་དལ་ཅན་གྱི་ལོ་ཙཱ་བ། །ལེགས་སྦྱར་བསྟན་བཅོས་དངོས་སུ་ཀློག་པ་ཞིག། །ད་ལྟ་མ་ག་དྷ་ན་མཆིས་སོ་སྐད༎ ༎ ༎ཅེས་ཀུང་སྨྲོ༎

།ཇི་སྐད་དུ་དཔལ་ཆོས་ཀྱི་གྲགས་པས། །ཐིཊིབྲཏྣཡདིསྨྲབྣནརཛྱིདིབྣསྨྲིཀར སྨྲཱནིདྲིཾབྲྃསཿ

པྣབྷྲཤཱརིསྨྲཐྲཔཉིདཡཽར དྲུཀྲིཏྭདྲྀབྷྲུཏ། །བྷཱགསྦྲཙོཾདུལྣསྟྲྀདབིབདྷབྲུསྨྲདྲྀཔྲབསྟྲན

ཡཾཡོཀོཧྣུཀྵཡིཾདུཔྲསྣརདིསྤྲཁཤྲུཧྲྀཾཔྲདིཀྵྣནམཿ །འདིར་ལོ་ཙྪའི་ལས་བྱས་པ་ལ་ཆེས་

མི་འོས་པར་སེམས་པ་དག་གིས་གོང་གི་ཚིགས་བཅད་འདི་བོད་སྐད་དུ་བསྒྱུར་ལ་དེའི་

དོན་མནོ་བསམ་གཏོང་བ་ཞིག་མཛད་པར་ཞུ།།

།མངོན་གྱུར་རྟགས་ཀྱིས་བདེན་པ་ངོ་སྤྲོད་ཀྱང་། །ངམ་ནག་བཞིན་གྱི་གཉེར་མ་མི་སངས་

པ། །མདོར་ན་ཕྲག་དོག་ཅན་གྱི་སྐྱེ་བོ་འདིའི། །དགའ་བའི་དངོས་པོ་གཞན་གྱི་རྒུད་

པ་ཉིད།། །ཅེས་བྱ་བ་ནི་དྲང་པོའི་གནས་ཚུལ་ཙམ་ཞར་བྱུང་དུ་ཐལ་བ་ལགས་སོ།།

།ཀྱི་གར་ཀ་ལུ་ཏའི་ཡུལ་ན་ཡོད་དུས་སུ་བྲིས། 15–7–1944

Buddhist Terms

Contents

Three Gates

།སྒོ་གསུམ་ནི།

1

Kāya

ལུས

Body

2

Vāk

ངག

Speech

3

Citta

ཡིད

Mind

Three Poisons

།དུག་གསུམ་ནི།

1

Kāma-rāga

འདོད་ཆགས

Desire

2

Dveṣa

ཞེ་སྡང

Hatred

3

Moha

གཏི་མུག

Ignorance

Three Types of Misery

། སྡུག་བསྔལ་གསུམ་ནི།

1

Duḥkha-duḥkhatā

སྡུག་བསྔལ་གྱི་སྡུག་བསྔལ

Misery of misery

2

Saṁskāra-duḥkhatā

འདུ་བྱེད་ཀྱི་སྡུག་བསྔལ

Misery of conditioned things

3

Vipariṇāma-duḥkhatā

འགྱུར་བའི་སྡུག་བསྔལ

Misery of change

Five Degenerations

།སྙིགས་མ་ལྔ་ནི།

1

Āyuḥ-kaṣāyaḥ

ཚེའི་སྙིགས་མ

Degeneration of lifespan

2

Dṛṣṭi-kaṣāyaḥ

ལྟ་བའི་སྙིགས་མ

Corruption of views

3

Kleśa-kaṣāyaḥ

ཉོན་མོངས་པའི་སྙིགས་མ

Degeneration of emotions

4
Sattva-kaṣāyaḥ
སེམས་ཅན་གྱི་སྙིགས་མ
Corruption of beings
5
Kalpa-kaṣāyaḥ
དུས་ཀྱི་སྙིགས་མ
Degeneration of the age

Six States of Existence
།འགྲོ་བ་དྲུག་ནི།

1
Deva
ལྷ
Gods
2
Manuṣya
མི
Men
3
Asura
ལྷ་མ་ཡིན
Titans
4
Tiryagyona
དུད་འགྲོ
Animals

5

Preta

ཡི་དྭགས

Hungry ghosts

6

Nairayika

སེམས་ཅན་དམྱལ་བ

Hell beings

Four Māras

།བདུད་བཞི་ནི།

1

Kleśamāra

ཉོན་མོངས་པའི་བདུད

Demon of the emotions

2

Skandhamāra

ཕུང་པོ་བདུད

Demon of the aggregates

3

Mṛtyumāra

འཆི་བདག་གི་བདུད

Demon of death

4

Devaputramāra

ལྷའི་བུའི་བདུད

Demon of the devaputras

Ten Directions

།ཕྱོགས་བཅུ་ནི།

1

Pūrva

ཤར

East

2

Dakṣiṇa

ལྷོ

South

3

Paścima

ནུབ

West

4

Uttara

བྱང་

North

5

Pūrva-dakṣiṇa

ཤར་ལྷོ

South-east

6

Dakṣiṇa-paścima

ལྷོ་ནུབ

South-west

7

Paścimottara

ནུབ་བྱང་

North-west

8

Uttara-pūrva

བྱང་ཤར

North-east

9

Adhas

འོག

Below

10

Ūrdhva

སྟེང་

Above

Four Continents and Six Subcontinents

། གླིང་བཞི་པའི་འཇིག་རྟེན་གྱི་ཁམས་ནི།

1

Pūrvavideha

Deha Videha

ཤར་གྱི་ལུས་འཕགས

ལུས་ དང་ ལུས་འཕགས

Eastern Continent of Great Mass

Body of Land and Great Body of Land

2

Jambudvīpa

Cāmara Apara-cāmara

ལྷོ་ཡི་ འཛམ་བུའི་གླིང་

རྔ་ཡབ་ དང་ རྔ་ཡབ་གཞན

Southern Continent of the Rose-apple

Tail of the Continent and Minor Tail

3

Aparagodānīya

Śāṭhā Uttaramantriṇa

ནུབ་ཀྱི་བ་ལང་སྤྱོད

གཡོ་ལྡན་དང་ལམ་མཆོག་འགྲོ་བ

Western Land of Cattle

Land of Deceit and Land of Great Passage

4

Uttarakuru

Kurava Kaurava

བྱང་གི་སྒྲ་མི་སྙན

སྒྲ་མི་སྙན་དང་སྒྲ་མི་སྙན་གྱི་ཟླ

Northern Continent of Harsh Sounds

Land of Harsh Sounds and Adherents of Harsh Sounds

Four Types of Birth

། སྐྱེ་གནས་བཞི་ནི །

1

Jārāyujāḥ

མངལ་ནས་སྐྱེ་བ

Born from womb

2

Aṇḍajāḥ

སྒོང་ལས་སྐྱེ་བ

Born from an egg

3

Upapādukāḥ

བརྫུས་ཏེ་སྐྱེ་བ

Born miraculously

4

Saṁsvedajāḥ

དྲོད་གཤེར་ལས་སྐྱེ་བ

Born from warmth and moisture

Eight Adversities

།མི་ཁོམ་པ་བརྒྱད་ནི།

1

Narakaḥ

སེམས་ཅན་དམྱལ་བ

Being a hell being

2

Tiryañcaḥ

དུད་འགྲོ

Being an animal

3

Pretaḥ

ཡི་དྭགས

Being a hungry ghost

4

Dīrghāyuṣo devaḥ

ལྷ་ཚེ་རིང་པོ

Being a long-lived god

5

Pratyanta-janapadam

མཐའ་འཁོབ་ཀྱི་མི

Being uncivilized

6

Indriya-vaikalyam

དབང་པོ་མ་ཚང་བ

Having deficient faculties

7

Mithyā-darśanam

ལོག་པར་ལྟ་བ

Adhering to destructive views

8

Tathāgatānām anutpādaḥ

དེ་བཞིན་གཤེགས་པ་མ་བྱུང་བ

Living in a realm where no Buddha is known

Eight Hot Hells

།སེམས་ཅན་དམྱལ་བ་བརྒྱད་ནི།

1

Saṁjīvaḥ

ཡང་སོས

Hell of continual revival

2

Kāla-sūtraḥ

ཐིག་ནག

Hell of black lines

3

Saṁghātaḥ

བསྡུས་འཇོམས

Crushing hell

4

Rauravaḥ

ངུ་འབོད

Hell of moans

5

Mahārauravaḥ

ངུ་འབོད་ཆེན་པོ

Hell of screams

6

Tāpanaḥ

ཚ་བ

Hot hell

7

Mahātāpanaḥ

རབ་ཏུ་ཚ་བ

Fiercely hot hell

8

Avīciḥ

མནར་མེད་པ

Hell of waves of torment

Twenty-eight Classes of Gods

1–6

Kāma-dhātu

འདོད་ཁམས

Of the desire realm

1

Catur-mahārāja-kāyikā

རྒྱལ་ཆེན་བཞིའི་རིས

Region of the Four Great Kings

2

Trāyastriṁśā

སུམ་ཅུ་རྩ་གསུམ་པ

Of the Thirty-three

3

Yāma

འཐབ་བྲལ

Free from strife

4

Tuṣita

དགའ་ལྡན

Blissful

5

Nirmāṇarati

འཕྲུལ་དགའ

Delighting in creation

6

Paranirmita-vaśavartin

གཞན་འཕྲུལ་དབང་བྱེད

Constantly enjoying pleasures provided

7–23
Rūpa-dhātu
གཟུགས་ཀྱི་ཁམས
Of the form realm

7–9
Of the first absorption
བསམ་གཏན་དང་པོ་འི

7
Brahma-kāyika
ཚངས་རིས
Brahma's realm

8
Brahma-purohita
ཚངས་པ་མདུན་ན་འདོན
Acolytes of Brahma

9
Mahābrahma
ཚངས་པ་ཆེན་པོ
Of the great Brahma

10–12
Of the second absorption
བསམ་གཏན་གཉིས་པའི

10
Parīttābha
འོད་ཆུང་
Limited light

11
Apramāṇābha
ཚད་མེད་འོད
Boundless light

12

Ābhāsvara

འོད་གསལ

Clear light

13–15

Of the third absorption

བསམ་གཏན་གསུམ་པའི

13

Parītta-śubha

དགེ་ཆུང་

Virtue limited

14

Apramāṇaśubha

ཚད་མེད་དགེ

Virtue immeasurable

15

Śubha-kṛtsṇa

དགེ་རྒྱས

Virtue extensive

16–23

Of the fourth absorption

བསམ་གཏན་བཞི་པའི

16

Anabhraka

སྤྲིན་མེད

Cloudless

17

Puṇyaprasava

བསོད་ནམས་སྐྱེས

Increasing merit

18

Bṛhatphala

འབྲས་བུ་ཆེ

Great maturity

19–23

Śuddhāvāsakāyika

གནས་གཙང་མའི

Of the pure reaches

19

Avṛha

མི་ཆེ

None greater

20

Atapa

མི་གདུང་

Without affliction

21

Sudṛśa

གྱ་ནོམ་སྣང་

Glorious to behold

22

Sudarśana

ཤིན་དུ་མཐོང་

Most lovely

23

Akaniṣṭha

འོག་མིན

Of the highest

24–27
Ārūpyadhātu
གཟུགས་མེད་པའི་ཁམས་
Of the formless realm

24

Ākāśānantyāyatana

ནམ་མཁའ་མཐའ་ཡས་སྐྱེ་མཆེད

Sphere of boundless space

25

Vijñānānantyāyatana

རྣམ་ཤེས་མཐའ་ཡས་སྐྱེ་མཆེད

Sphere of boundless consciousness

26

Ākiṁcanyāyatana

ཅི་ཡང་མེད་པའི་སྐྱེ་མཆེད

Sphere of nothingness

27

Naivasaṁjñānāsaṁjñāyatana

འདུ་ཤེས་མེད་འདུ་ཤེས་མེད་མིན་སྐྱེ་མཆེད

Sphere of neither perception nor non-perception

28
Beyond the formless realm

Saṁjñā-vedita-nirodha

འདུ་ཤེས་དང་ཚོར་བ་འགོག་པ

Cessation of feeling and perception

Four Mahārājas

།རྒྱལ་ཆེན་སྡེ་བཞི་ནི།

1

Dhṛtarāṣṭra

ཡུལ་འཁོར་བསྲུངས

King Dhṛtarāṣṭra of the East

2

Virūḍhaka

འཕགས་སྐྱེས་པོ

King Virūḍhaka of the South

3

Virūpākṣa

སྤྱན་མི་བཟང

King Virūpākṣa of the West

4

Vaiśravaṇa

རྣམ་ཐོས་སྲས

King Vaiśravaṇa of the North

Nine Heavenly Bodies

།གཟའ་དགུ་ནི།

1

Ādityaḥ

ཉི་མ

Sun

2

Somaḥ

ཟླ་བ

Moon

3
Aṅgārakaḥ
མིག་དམར
Mars

4
Budhaḥ
གཟའ་ལྷག
Mercury

5
Bṛhaspatiḥ
ཕུར་བུ
Jupiter

6
Śukraḥ
པ་སངས
Venus

7
Śanaiścaraḥ
སྤེན་པ
Saturn

8
Rāhuḥ
སྒྲ་གཅན
Eclipse-maker

9
Ketuḥ
མཇུག་རིངས
Comet

Twenty-eight Nakṣatras
Gods of the Constellations

།རྒྱུ་སྐར་ཉི་ཤུ་རྩ་བརྒྱད་ནི།

1
Kṛttikā
སྨིན་དྲུག

2
Rohiṇī
སྣར་མ

3
Mṛgaśiras
མགོ

4
Ārdrā
ལག

5
Punarvasu
ནབས་སོ

6
Puṣya
རྒྱལ

7
Aśleṣā
སྐག

8
Maghā
མཆུ

9
Pūrvaphalgunī
གྲེ

10
Uttaraphalgunī
དབོ

11
Hastā
མེ་བཞི

12
Citrā
ནག་པ

13
Svātī
ས་རི

14
Viśākhā
ས་ག

15
Anurādhā
ལྷ་མཚམས

16
Jyeṣṭha
སྣྲོན

17
Mūla
སྣྲུབས

18
Pūrvāṣāḍhā
ཆུ་སྟོད

19
Uttaraṣāḍhā
ཆུ་སྨད

20
Śravaṇā
གྲོ་བཞིན

21
Abhijit
བྱི་བཞིན

22
Śatabhiṣā
མོན་གྲེ

23
Dhaniṣṭhā
མོན་གྲུ

24
Pūrvabhādrapada
ཁྲུམས་སྟོད

25
Uttarabhādrapada
ཁྲུམས་སྨད

26
Revatī
ནམ་གྲུ

27
Aśvinī
ཐ་སྐར

28
Bharaṇī
བྲ་ཉེ

Four Currents

།ཆུ་བོ་བཞི་ནི།

1
Kāma
འདོད་པ
Desire

2
Bhava
སྲིད་པ
Existence

3
Avidyā
མ་རིག་པ
Ignorance

4
Dṛṣṭi
ལོག་པར་ལྟ་བ
Detrimental views

Five Boundless Offenses

། མཚམས་མེད་པ་ལྔ་ནི །

1

Pitṛ-ghātaḥ

ཕ་བསད་པ

Killing one's father

2

Mātṛ-ghātaḥ

མ་བསད་པ

Killing one's mother

3

Arhad-ghātaḥ

དགྲ་བཅོམ་པ་བསད་པ

Killing an arhat

4

Tathāgatasyāntike duṣṭacitta-rudhirotpādanam

དེ་བཞིན་གཤེགས་པ་ལ་ངན་སེམས་ཀྱིས་ཁྲག་ཕྱུང་བ

Maliciously causing a Tathāgata to bleed

5

Saṁgha-bhedaḥ

དགེ་འདུན་གྱི་དབྱེན་བྱས་པ

Causing dissention in the Sangha

Five Nearly-Boundless Offenses

།མཚམས་མེད་པ་དང་ཉེ་བ་ལྔ་ནི།

1

Mātur arhatyā dūṣaṇam

མ་དགྲ་བཅོམ་མ་སྨུན་ཕྱུང་བ

Abusing one's mother or an arhat

2

Niyata-bhūmi-sthitasya bodhisattvasya māraṇam

བྱང་ཆུབ་སེམས་དཔའ་ ས་ ལ་གནས་པ་བསད་པ

Killing a Bodhisattva who has reached a certain stage

3

Śaikṣasya māraṇam

སློབ་པ་བསད་པ

Killing one's student or teacher

4

Saṁghāya dvāra-haraṇam

དགེ་འདུན་གྱི་འདུ་བའི་སྒོ་འཕྲོག་པ་

Taking away the Sangha's place of assembly

5

Stūpa-bhedanam

མཆོད་རྟེན་འཇིག་པ

Destroying a stūpa

Six Types of Pride

།ང་རྒྱལ་དྲུག་ནི།

1

Adhimāna

ལྷག་པའི་ང་རྒྱལ

Excessive pride

2

Mānātimāna

ང་རྒྱལ་ལས་ཀྱང་ང་རྒྱལ

Overbearing pride

3

Asmimāna

ངའོ་སྙམ་པའི་ང་རྒྱལ

Self-esteem

4

Abhimāna

མངོན་པའི་ང་རྒྱལ

Arrogance

5

Ūnamāna

ཅུང་ཟད་སྙམ་པའི་ང་རྒྱལ

Self-abasement

6

Mithyāmāna

ལོག་པའི་ང་རྒྱལ

Deluded pride

Four Misapprehensions

།ཕྱིན་ཅི་ལོག་བཞི་ནི།

1

Anitya nityam

མི་རྟག་པ་རྟག་པ

Mistaking what is impermanent for permanent

2

Duḥkha sukham

དཀའ་ བ་སླ་བ

Mistaking what is ill for what is ease

3

Anātmani ātman

བདག་མེད་པ་བདག་པ

Mistaking what is not self to be a self

4

Aśubha śubham

མི་ སྡུག་པ་ སྡུག་ པ

Mistaking what is repulsive for the beautiful

Eight Worldly Dharmas

།འཇིག་རྟེན་ཆོས་བརྒྱད་ནི།

1

Lābhaḥ

རྙེད་པ

Gain

2
Alābhaḥ
མ་རྙེད་པ
Loss

3
Yaśaḥ
སྙན་པ
Fame

4
Ayaśaḥ
མི་སྙན་པ
Disgrace

5
Nindā
སྨད་པ
Slander

6
Praśaṁsā
བསྟོད་པ
Praise

7
Sukham
བདེ་བ
Pleasure

8
Duḥkham
སྡུག་བསྔལ
Pain

Eight Miseries

། སྡུག་བསྔལ་བརྒྱད་ནི །

1

Jāti-duḥkham

སྐྱེ་བའི་སྡུག་བསྔལ

The misery of birth

2

Jarā-duḥkham

རྒ་བའི་སྡུག་བསྔལ

The misery of old age

3

Vyādhi-duḥkham

ན་བའི་སྡུག་བསྔལ

The misery of sickness

4

Maraṇa-duḥkham

འཆི་བའི་སྡུག་བསྔལ

The misery of death

5

Priya-viprayoga-duḥkham

སྡུག་པ་དང་བྲལ་བའི་སྡུག་བསྔལ

The misery of separation from what one loves

6

Apriya-saṁprayoga-duḥkham

མི་སྡུག་པ་དང་ཕྲད་པའི་སྡུག་བསྔལ

The misery of meeting with what one does not want

7

Yad apīcchayā paryeṣamāṇo na labhate tadapi duḥkham

འདོད་པ་ ཐོག་ཏུ་ མ་ བབ་པའི་སྡུག་བསྔལ

The misery of not finding what one seeks for

8

Saṁkṣiptena pañcopādāna-skandha-duḥkham

ཉེ་བར་ལེན་པའི་ སྡུག་བསྔལ

The misery of taking up the five aggregates

Four Ways of Living

། གནས་བཞི་ནི །

1

Gārhasthaḥ

ཁྱིམ་པར་གནས

Living as a householder

2

Brahma-caryāśramaḥ

ཚངས་པར་སྤྱོད་པ་ལ་གནས

Living a pure life

3

Vāna-prasthaḥ

ནགས་ཁྲོད་ན་གནས

Living in a forest or monastery

4

Bhaikṣukaḥ

སློང་ བ་པ་ལ་ གནས

Living as a religious mendicant

Two Extreme Views

།མཐའ་གཉིས་ནི།

1

Ucchedānta

ཆད་མཐའ

Nihilism

2

Śāśvatānta

རྟག་མཐའ

Eternalism

Three Jewels

།དཀོན་མཆོག་གསུམ་ནི།

1

Buddha

སངས་རྒྱས

The Awakened One

2

Dharma

ཆོས

The Teaching

3

Saṁgha

དགེ་འདུན

The Enlightened Assembly

Three Refuges

། སྐྱབས་སུ་འགྲོ་བ་གསུམ་ནི།

1

Buddhaṁ śaraṇaṁ gacchāmi

སངས་རྒྱས་ལ་སྐྱབས་སུ་མཆིའོ

I go for refuge to the Buddha.

2

Dharmaṁ śaraṇaṁ gacchāmi

ཆོས་ལ་སྐྱབས་སུ་མཆིའོ

I go for refuge to the Dharma.

3

Saṁghaṁ śaraṇaṁ gacchāmi

དགེ་འདུན་ལ་སྐྱབས་སུ་མཆིའོ

I go for refuge to the Sangha.

Three Bodies of the Buddha

། སྐུ་གསུམ་ནི།

1

Dharmakāya

ཆོས་ཀྱི་སྐུ

Body of Dharma

2

Saṁbhogakāya

ལོངས་སྤྱོད་རྫོགས་པའི་སྐུ

Body of complete enjoyment

3

Nirmāṇakāya

སྤྲུལ་པའི་སྐུ

Body of manifestation

Three Types of Miraculous Ability

། ཆོ་འཕྲུལ་གསུམ་ནི།

1

Kāya-ṛddhi-prātihāryam

སྐུ་རྫུ་འཕྲུལ་གྱི་ཆོ་འཕྲུལ

Body: Miraculous manifestations

2

Vāk-anuśāsanī-prātihāryam

གསུང་རྗེས་སུ་བསྟན་པའི་ཆོ་འཕྲུལ

Speech: Miraculous display of the Doctrine

3

Citta-ādeśanā-prātihāryam

ཐུགས་ཀུན་བརྗོད་པའི་ཆོ་འཕྲུལ

Mind: Miraculous communication

Five Eyes

། སྤྱན་ལྔ་ནི།

1

Māṁsacakṣus

ཤའི་སྤྱན

Physical eye

2

Divyacakṣus

ལྷའི་སྤྱན

Divine eye

3

Prajñācakṣus

ཤེས་རབ་ཀྱི་སྤྱན

Wisdom eye

4

Dharmacakṣus

ཆོས་ཀྱི་སྤྱན

Dharma eye

5

Buddhacakṣus

སངས་རྒྱས་ཀྱི་སྤྱན

Buddha eye

Three Vehicles

།ཐེག་པ་གསུམ་ནི།

1

Śrāvakayāna

ཉན་ཐོས་ཀྱི་ཐེག་པ

Vehicle of listeners

2

Pratyekabuddhayāna

རང་སངས་རྒྱས་ཀྱི་ཐེག་པ

Vehicle of lone-learners

3

Bodhisattvayāna

བྱང་ཆུབ་སེམས་དཔའི་ཐེག་པ

Vehicle of altruistic saints

Three Moral Trainings

། ལྷག་པའི་བསླབ་པ་གསུམ་ནི །

1

Adhiśīlam śikṣāṇi

ལྷག་པའི་བསླབ་པ་ཚུལ་ཁྲིམས་ཀྱི་བསླབ་པ

Training in the highest moral practice

2

Adhicittam śikṣāṇi

ལྷག་པའི་བསླབ་པ་ཏིང་ངེ་འཛིན་གྱི་བསླབ་པ

Training in the highest meditation

3

Adhiprajñam śikṣāṇi

ལྷག་པའི་བསླབ་པ་ཤེས་རབ་ཀྱི་བསླབ་པ

Training in the highest wisdom

Two Accumulations

། ཚོགས་གཉིས་ནི །

1

Puṇyasaṁbhāra

བསོད་ནམས་ཀྱི་ཚོགས

Store of merit

2

Jñānasaṁbhāra

ཡེ་ཤེས་ཀྱི་ཚོགས

Store of wisdom

Two Self-lessnesses

།བདག་མེད་གཉིས་ནི།

1

Pudgalanairātmya

གང་ཟག་གི་བདག་མེད

Self-lessness of the person

2

Dharmanairātmya

ཆོས་ཀྱི་བདག་མེད

Self-lessness of things

Two Stages of the Pratyekabuddha

།རང་སངས་རྒྱས་ཀྱི་རིམ་པ་གཉིས་ནི།

1

Khaḍga-viṣāṇa-kalpa

བསེ་རུ་ལྟ་བུ

One who is like a unicorn

2

Varga-cārin

ཚོགས་དང་སྤྱོད་པ

One who goes among others

Two Obscurations

།སྒྲིབ་པ་གཉིས་ནི།

1

Kleśāvaraṇa

ཉོན་མོངས་པའི་སྒྲིབ་པ

Emotional obscuration

2

Jñeyāvaraṇa

ཤེས་བྱའི་སྒྲིབ་པ

Obscuration to knowledge

Four Dharmas of Those Skilled in Virtue

།དགེ་སྦྱོང་ཆོས་བཞི་ནི།

1

Ākruṣṭena na pratyākroṣṭavyam

གཤེ་ཡང་སླར་མི་གཤེ་བར་བྱ

Although abused, one does not return abuse.

2

Roṣitena na pratiroṣitavyam

ཁྲོས་ཀྱང་སླར་མི་ཁྲོ་བར་བྱ

Although made angry, one does not respond with anger.

3

Bhaṇḍitena na pratibhaṇḍitavyam

འཚང་བྲུས་ཀྱང་སླར་མཚང་མི་འབྲུ་བར་བྱ

Although censured, one does not respond with criticism.

4

Tāḍitena na pratitāḍitavyam

བརྡེག་ཀྱང་སླར་མི་བརྡེག་པར་བྱ

Although struck, one never strikes back.

Five Precepts

།བསླབ་པ་ལྔ་ནི།

1

Prāṇātipāta-viratiḥ

སྲོག་གཅོད་པ་སྤོང་བ

Do not kill.

2

Adattādāna-viratiḥ

མ་བྱིན་པར་ལེན་པ་སྤོང་བ

Do not steal.

3

Kāmamithyācāra-viratiḥ

འདོད་པས་ལོག་པར་གཡེམ་པ་སྤོང་བ

Do not be sexually impure.

4

Mṛṣāvāda-viratiḥ

བརྫུན་དུ་སྨྲ་བ་སྤོང་བ

Do not lie.

5

Madyapāna-viratiḥ

མྱོས་པར་འགྱུར་བའི་བཏུང་བ་སྤོང་བ

Do not become intoxicated.

Eight Basic Teachings

།བསླབ་པའི་གཞི་བརྒྱད་ནི།

1

Prāṇātipāta-viratiḥ

སྲོག་གཅོད་པ་སྤོང་བ

Refrain from killing.

2

Adattādāna-viratiḥ

མ་བྱིན་པར་ལེན་པ་སྤོང་བ

Refrain from stealing.

3

Abrahmacaryā-viratiḥ

མི་ཚངས་པར་སྤྱོད་པ་སྤོང་བ

Refrain from living an unchaste life.

4

Mṛṣāvāda-viratiḥ

བརྫུན་དུ་སྨྲ་བ་སྤོང་བ

Refrain from telling falsehoods.

5

Madyapāna-viratiḥ

མྱོས་པར་འགྱུར་བའི་བཏུང་བ་སྤོང་བ

Refrain from becoming intoxicated.

6

Gandha-mālya-vilepana-varṇaka-dhāraṇa-viratiḥ

སྤོས་དང་ཁ་དོག་དང་བྱུག་པ་དང་ཕྲེང་བ་ཐོགས་པ་སྤོང་བ

Refrain from using perfumes, cosmetics, and unguents.

7

Uccaśayana mahāśayana-viratiḥ

ཁྲི་ སྟན་ མཐོན་པོ་ དང་ ཁྲི་ སྟན་ ཆེན་པོ་སྤོང་བ

Refrain from sleeping upon a high or large bed.

8

Vikālabhojana-viratiḥ

དུས་མ་ཡིན་པའི་ཟས་སྤོང་བ

Refrain from eating when it is not the proper time.

Four Immeasurables

།ཚད་མེད་པ་བཞིའི་རྒྱུད་ནི།

1

Maitrī

བྱམས་པ

Love

2

Karuṇā

སྙིང་རྗེ

Compassion

3

Muditā

དགའ་བ

Joy

4

Upekṣā

བཏང་སྙོམས

Equanimity

Four Means of Gaining Followers

།བསྡུ་བའི་དངོས་པོ་བཞི་ནི།

1

Dāna

སྦྱིན་པ

Giving

2

Priyavāditā

སྙན་པར་སྨྲ་བ

Kind words

3

Samānārthatā

དོན་མཐུན་པ

Consistency between words and deeds

4

Arthacaryā

དོན་སྤྱོད་པ

Helpfulness

Four States of Existence of Gods and Men

། ལྷ་དང་མི་རྣམས་ཀྱི་འཁོར་ལོ་བཞི་ནི།

1

Pratirūpa-deśa-vāsaḥ

མཐུན་པའི་ཡུལ་དུ་གནས་པ

Living in a land of harmony

2

Sat-puruṣāpāśrayam

སྐྱེས་བུ་དམ་པ་ལ་བརྟེན་ པ

Relying on holy beings

3

Ātmanas samyak-praṇidhānam

བདག་ཉིད་ཡང་དག་པའི་སྨོན་ལམ་བཏབ་པ

Establishing altruistic prayers

4

Pūrve ca kṛta puṇyatā

སྔོན་ཡང་བསོད་ནམས་བྱས་པ

Building on merit from former lives

Five Lineages

།རིགས་ཅན་ལྔ་ནི།

1

Śrāvakayānābhisamaya-gotraḥ

ཉན་ཐོས་ཀྱི་ཐེག་པ་མངོན་པར་རྟོགས་པའི་རིགས

Lineage truly realizing the vehicle of the Śrāvaka

2

Pratyekabuddhayānābhisamaya-gotraḥ

རང་སངས་རྒྱས་ཀྱི་ཐེག་པ་མངོན་པར་རྟོགས་པའི་རིགས

Lineage truly realizing the vehicle of the Pratyekabuddha

3

Bodhisattvayānābhisamaya-gotraḥ

བྱང་ཆུབ་སེམས་དཔའི་ཐེག་པ་མངོན་པར་རྟོགས་པའི་རིགས

Lineage truly realizing the vehicle of the Bodhisattva

4

Aniyata-gotraḥ

མ་ངེས་པའི་རིགས

Uncertain lineage

5

Agotrakaḥ

རིགས་མེད་པ

No lineage

Six Mindfulnesses

།རྗེས་སུ་དྲན་པ་དྲུག་ནི།

1

Buddhānusmṛti

སངས་རྒྱས་རྗེས་སུ་དྲན་པ

Mindfulness of the Buddha

2

Dharmānusmṛti

ཆོས་རྗེས་སུ་དྲན་པ

Mindfulness of the Dharma

3

Saṁghānusmṛti

དགེ་འདུན་རྗེས་སུ་དྲན་པ

Mindfulness of the Sangha

4

Śīlānusmṛti

ཚུལ་ཁྲིམས་རྗེས་སུ་དྲན་པ

Mindfulness of moral practice

5

Tyāgānusmṛti

གཏོང་བ་རྗེས་སུ་དྲན་པ

Mindfulness of generosity

6

Devatānusmṛti

ལྷ་རྗེས་སུ་དྲན་པ

Mindfulness of divinity

Two Truths

།བདེན་པ་གཉིས་ནི།

1

Saṁvṛtisatyam

ཀུན་ རྫོ་བ་བདེན་པ

Relative truth

2

Paramārthasatyam

དོན་དམ་བདེན་པ

Ultimate truth

Four Pure Maxims

།ཆོས་ཡང་དག་པར་ལེན་པ་ བཞི་ནི།

1

Pratyutpanna-sukham āyatyāṁ duḥkha-vipākam

ད་ལྟར་ བྱུང་བ་ལ་བདེ་ལ་ ཕྱི་མ་ལ་རྣམ་པར་སྨིན་པ་སྡུག་བསྔལ་བ

Happiness in this life which ripens into suffering in the next

2

Pratyutpanna-duḥkham āyatyāṁ sukha-vipākam

ད་ལྟར་ བྱུང་བ་ལ་སྡུག་བསྔལ་ ལ་ ཕྱི་མ་ ལ་རྣམ་པར་སྨིན་པ་བདེ་བ

Suffering in this life which ripens into joy in the next

3

Pratyutpanna-sukham āyatyāṁ sukha-vipākam

ད་ལྟར་ བྱུང་བ་ལ་ཡང་བདེ་ལ་ཕྱི་མ་ལ་ ཡང་རྣམ་པར་སྨིན་པ་བདེ་བ

Happiness in this life which ripens into happiness in the next

4

Pratyutpanna-duḥkham āyatyām duḥkha-vipākam

ད་ལྟར་ བྱུང་བ་ལ་ཡང་སྡུག་བསྔལ་ལ་ ཕྱི་མ་ལ་ ཡང་ རྣམ་པར་སྨིན་པ་སྡུག་ བསྔལ་བ

Misery in this life which ripens into misery in the next

Ten Religious Practices

།ཆོས་སྤྱོད་བཅུ་ནི།

1

Lekhanā

ཡི་གེ་འབྲི་བ

Transcribing the teachings

2

Pūjanā

མཆོད་པ

Worshipping

3

Dāna

སྦྱིན་པ

Giving

4

Śravaṇā

ཉན་པ

Listening to the teachings

5

Vācana

ཀློག་པ

Reading the teachings

6

Udgrahaṇa

འཛིན་པ

Comprehending the teachings

7

Prakāśanā

རབ་དུ་སྟོན་པ

Instructing others

8

Svādhyāyana

ཁ་འདོན་བྱེད་པ

Reciting holy works

9

Cintana

སེམས་པ

Contemplation

10

Bhāvanā

སྒོམ་པ

Meditation

Four Dharma Emblems

།ཆོས་ཀྱི་སྡོམ་བཞི་ནི།

1

Sarvasaṁskṛtānityaṁ

འདུ་བྱས་ཐམས་ཅད་མི་རྟག་པ

All conditioned things are impermanent.

2

Sarvasāsravaduḥkhāḥ

ཟག་བཅས་ཐམས་ཅད་སྡུག་བསྔལ

Everything that deteriorates is suffering.

3

Nirvāṇiśāntakaḥ

མྱ་ངན་ལས་འདས་པ་ནི་ཞི་བ

Nirvana is peace.

4

Sadharmaśūnyamanātmakaṁ

ཆོས་ཐམས་ཅད་སྟོང་ཞིང་བདག་མེད་པའོ

All things are selfless and open.

Twelve Links of Dependent Origination

།རྟེན་ཅིང་འབྲེལ་བར་འབྱུང་བའི་ཡན་ལག་བཅུ་གཉིས་ནི།

1
Avidyā
མ་རིག་པ
Ignorance

2
Saṁskāra
འདུ་བྱེད
Karmic propensities

3
Vijñāna
རྣམ་པར་ཤེས་པ
Consciousness

4
Nāma-rūpa
མིང་དང་གཟུགས
Name and form

5
Ṣaḍāyatana
སྐྱེ་མཆེད་དྲུག
Six senses

6
Sparśa
རེག་པ
Contact

7
Vedanā
ཚོར་བ
Sensation

8
Tṛṣṇā
སྲེད་པ
Craving

9
Upādāna
ལེན་པ
Grasping

10
Bhava
སྲིད་པ
Existence

11
Jāti
སྐྱེ་བ
Birth

12
Jarā-maraṇa
རྒ་ཤི
Old age and death

Four Noble Truths

།འཕགས་པའི་བདེན་པ་བཞི་ནི།

1

Duḥkham

སྡུག་བསྔལ་བདེན་པ

Truth of misery

2

Samudayaḥ

ཀུན་འབྱུང་བདེན་པ

Truth of the source of misery

3

Nirodhaḥ

འགོག་པ་བདེན་པ

Truth of cessation

4

Mārgaḥ

ལམ་བདེན་པ

Truth of the path

Sixteen Aspects of the Four Noble Truths

།འཕགས་པའི་བདེན་པ་བཞི་རྣམ་པ་བཅུ་དྲུག་ཏུ་ཕྱེ་བ་ནི།

1

Duḥkha

སྡུག་བསྔལ་བ

Misery

2

Anitya

མི་རྟག་པ

Impermanence

3

Śūnya

སྟོང་པ

Openness

4

Anātmaka

བདག་མེད་པ

Egolessness

5
Samudaya
ཀུན་འབྱུང་བ
Origination

6
Prabhava
རབ་ཏུ་སྐྱེ་བ
Arising

7
Hetu
རྒྱུ
Cause

8
Pratyaya
རྐྱེན
Condition

9
Nirodha
འགོག་པ
Cessation

10
Śānta
ཞི་བ
Peaceful

11
Praṇīta
གྱ་ནོམ་པ
Exaltedness

12
Niḥsaraṇa
ངེས་པར་འབྱུང་བ
Certainty of release

13
Mārga
ལམ
The path

14
Nyāya
རིགས་པ
Right method

15
Pratipatti
སྒྲུབ་པ
Progress

16
Nairyāṇika
ངེས་པར་འབྱིན་པ
Way of release

Ten Fetters

།ཀུན་དུ་སྦྱོར་བ་བཅུ་ནི།

1

Satkāyadṛṣṭi

འཇིག་ཚོགས་ལ་ལྟ་བ

Belief in materialism

2

Śīlavrataparāmarśa

ཚུལ་ཁྲིམས་དང་བརྟུལ་ཞུགས་མཆོག་ཏུ་འཛིན་པ

Grasping at rule and ritual

3

Vicikitsā

ཐེ་ཚོམ

Skepticism

4

Kāmacchanda

འདོད་པ་ལ་འདུན་པ

Attachment to desire

5

Rūparāga

གཟུགས་ལ་ འདོད་ཆགས་པ

Attachment to form

6

Arūparāga

གཟུགས་ མེད་ པ་ ལ་ འདོད་ཆགས་པ

Attachment to the formless world

7

Vyāpāda

གནོད་ སེམས

Maliciousness

8

Auddhatya

རྒོད་པ

Restlessness

9

Māna

ང་རྒྱལ

Pride

10

Avidyā

མ་རིག་པ

Ignorance

Five Hindrances

།སྒྲིབ་པ་ལྔ་ནི།

1

Kāmacchanda

འདོད་པ་ལ་འདུན་པ

Craving

2

Vyāpāda

གནོད་སེམས

Maliciousness

3

Styānamiddha

རྨུགས་པ་དང་གཉིད

Sluggishness and sloth

4

Auddhatyakaukṛtya

རྒོད་པ་དང་འགྱོད་པ

Restlessness and guilt

5

Vicikitsā

ཐེ་ཚོམ

Skepticism

Two Types of Meaning

།དོན་གཉིས་ནི།

1

Neyārtha

དྲང་དོན

Meaning requiring interpretation

2

Nītārtha

ངེས་དོན

Definitive meaning

Three Natures

།མཚན་ཉིད་གསུམ་ནི།

1

Parikalpita-lakṣaṇam

ཀུན་བརྟགས་པའི་མཚན་ཉིད

Imaginary

2

Paratantra-lakṣaṇam

གཞན་གྱི་དབང་གི་མཚན་ཉིད

Relational

3

Pariniṣpanna-lakṣaṇam

ཡོངས་སུ་གྲུབ་པའི་མཚན་ཉིད

Absolute

Four Plans

། ལྡེམ་པོར་དགོངས་པ་བཞི་ནི །

1

Avatāraṇābhisaṁdhiḥ

གཞུག་པ་ལ་ལྡེམ་པོར་དགོངས་པ

Plan for incarnation

2

Lakṣaṇābhisaṁdhiḥ

མཚན་ཉིད་ལ་ལྡེམ་པོར་དགོངས་པ

Plan for the distinguishing marks

3

Pratipakṣābhisaṁdhiḥ

གཉེན་པོ་ལ་ལྡེམ་པོར་དགོངས་པ

Plan concerning the environs

4

Pariṇāmanābhisaṁdhiḥ

བསྒྱུར་བ་ལ་ལྡེམ་པོར་དགོངས་པ

Plan for the transformation

Four Intentionalities

།དགོངས་པ་བཞི་ནི།

1

Samatābhiprāyaḥ

མཉམ་པ་ཉིད་ལ་དགོངས་པ

Even-minded intentionality

2

Kālāntarābhiprāyaḥ

དུས་གཞན་ལ་དགོངས་པ

Intentionality concerning other times

3

Arthāntarābhiprāyaḥ

དོན་གཞན་ལ་དགོངས་པ

Intentionality concerning other aims

4

Pudgalāntarābhiprāyaḥ

གང་ཟག་གཞན་ལ་དགོངས་པ

Intentionality concerning other people

Four Reliances

།རྟོན་པ་བཞི་ནི།

1

Artha-pratisaraṇena bhavitavyaṁ na vyañjana-pratisaraṇena

ཚིག་ ལ་ མི་ རྟོན་ དོན་ ལ་ རྟོན

Rely on the meaning, not on the words.

2

Dharma-pratisaraṇena bhavitavyaṁ na pudgala-pratisaraṇena

གང་ ཟག་ ལ་ མི་ རྟོན་ ཆོས་ ལ་ རྟོན

Rely on the Dharma, not on individuals.

3

Jñāna-pratisaraṇena bhavitavyaṁ na vijñāna-pratisaraṇena

རྣམ་ཤེས་ ལ་ མི་ རྟོན་ ཡེ་ ཤེས་ ལ་ རྟོན

Rely on awareness, not on ordinary consciousness.

4

Nītārtha-sūtra-pratisaraṇena bhavitavyaṁ na neyārtha-sūtra-pratisaraṇena

དྲང་ དོན་ ལ་ མི་ རྟོན་ ངེས་ དོན་ལ་ རྟོན

Rely on the real meaning, not on the surface meaning.

Twelve Divisions of the Teachings

། གསུང་རབ་ཡན་ལག་ བཅུ་གཉིས་ ནི །

1

Sūtram

མདོ་ཡི་སྡེ

General teachings

2

Geyam

དབྱངས་ཀྱིས་བསྙད་པའི་སྡེ

Hymns and praises

3

Vyākaraṇam

ལུང་དུ་བསྟན་པའི་སྡེ

Prophecies

4

Gāthā

ཚིགས་སུ་བཅད་པའི་སྡེ

Teachings in verse

5

Udānam

ཆེད་དུ་བརྗོད་པའི་སྡེ

Aphorisms

6

Nidānam

གླེང་གཞིའི་སྡེ

Pragmatic narratives

7

Avadānam

རྟོགས་པ་བརྗོད་པའི་སྡེ

Biographical narratives

8

Itivṛttakam

དེ་ལྟ་བུ་བྱུང་བའི་སྡེ

Narratives of former events as examples

9

Jātakam

སྐྱེས་པའི་རབས་ཀྱི་སྡེ

Narratives of former births

10

Vaipulyam

ཤིན་ཏུ་རྒྱས་པའི་སྡེ

Extensive teachings

11

Adbhutadharmaḥ

རྨད་དུ་བྱུང་བའི་སྡེ

Narratives of marvels

12

Upadeśaḥ

གཏན་ལ་དབབ་པའི་སྡེ

Teachings in profound doctrines

Twelve Ascetic Practices

། སྦྱངས་པའི་ཡོན་ཏན་བཅུ་གཉིས་ནི །

1

Pāṁśukūlika

ཕྱག་དར་ཁྲོད་པ

Wearing rags from dustheaps

2

Traicīvarika

ཆོས་གོས་གསུམ་པ

Wearing only the three religious robes

3

Nāmatika

འཕྱིང་པ་པ

Wearing coarse garments of felt

4

Paiṇḍapātika

བསོད་སྙོམས་པ

Living on alms

5

Ekāsanika

སྟན་གཅིག་པ

Eating during one sitting

6

Khalupaścād-bhaktika

ཟས་ཕྱིས་མི་ལེན་པ

Never eating at a later time

7

Āraṇyaka

དགོན་པ་པ

Dwelling in the wilderness

8

Vṛkṣamūlika

ཤིང་དྲུང་པ

Living at the foot of a tree

9

Abhyavakāśika

བླ་གབ་མེད་པ

Living in unsheltered places

10

Śmāśānika

དུར་ཁྲོད་པ

Living in cemeteries

11

Naiṣadyika

ཙོག་པུ་པ

Sleeping sitting up

12
Yāthāsaṁstarika
གཞི་ཇི་བཞིན་པ
Staying wherever one may be

Five Sciences
།རིག་པའི་གནས་ལྔ་ནི།

1
Śabdavidyā
སྒྲའི་རིག་པ
Science of language

2
Hetuvidyā
གཏན་ཚིགས་ཀྱི་རིག་པ
Science of logic

3
Adhyātmavidyā
ནང་གི་རིག་པ
Science of philosophy

4
Cikitsāvidyā
གསོ་བ་འི་རིག་པ།
Science of medicine

5
Śilpakarmasthānavidyā
བཟོ་འི་གནས་ཀྱི་རིག་པ
Science of arts

Ten Virtues

།དགེ་བ་བཅུ་ནི།

1–3

Kāyasucaritam

ལུས་ཀྱི་ལེགས་པར་སྤྱོད་པ་གསུམ

Three good actions of body

1

Prāṇātighātād viratiḥ

སྲོག་གཅོད་པ་སྤོང་བ

Not destroying life

2

Adattādānād viratiḥ

མ་བྱིན་པར་ལེན་པ་སྤོང་བ

Not taking what has not been given

3

Kāmamithyācārād viratiḥ

འདོད་པས་ལོག་པར་གཡེམ་པ་སྤོང་བ

Refraining from improper sexual practices

4–7

Vāksucaritam

ངག་གི་ལེགས་པར་སྤྱོད་པ་བཞི

Four good actions of speech

4

Mṛṣāvādāt prativiratiḥ

བརྫུན་དུ་སྨྲ་བ་སྤོང་བ

Not telling falsehoods

5

Pāruṣyāt prativiratiḥ

ཚིག་རྩུབ་པོ་སྨྲ་བ་སྤོང་བ

Not using abusive language

6

Paiśunyāt prativiratiḥ

ཕྲ་མར་སྨྲ་བ་སྤོང་བ

Not slandering others

7

Saṁbhinnapralāpāt prativiratiḥ

ཚིག་བཀྱལ་བ་སྨྲ་བ་སྤོང་བ

Not indulging in irrelevant talk

8–10

Manaḥsucaritam

ཡིད་ཀྱི་ལེགས་པར་སྤྱོད་པ་གསུམ

Three good actions of mind

8

Abhidhyāyāḥ prativiratiḥ

བརྣབ་སེམས་སྤོང་བ

Not being covetous

9

Vyāpādāt prativiratiḥ

གནོད་སེམས་སྤོང་བ

Not being malicious

10

Mithyādṛṣṭeḥ prativiratiḥ

ལོག་པར་ལྟ་བ་སྤོང་བ

Not holding destructive beliefs

Five Peerless Aggregates

།མི་མཉམ་པ་དང་མཉམ་པའི་ཕུང་པོ་ལྔ་ནི།

1

Śīla-skandha

ཚུལ་ཁྲིམས་ཀྱི་ཕུང་པོ

Aggregate of moral practice

2

Samādhi-skandha

ཏིང་ངེ་འཛིན་གྱི་ཕུང་པོ

Aggregate of one-pointed contemplation

3

Prajñā-skandha

ཤེས་རབ་ཀྱི་ཕུང་པོ

Aggregate of wisdom

4

Vimukti-skandha

རྣམ་པར་གྲོལ་བའི་ཕུང་པོ

Aggregate of liberation

5

Vimuktijñāna-darśana-skandha

རྣམ་པར་གྲོལ་བའི་ཡེ་ཤེས་མཐོང་བའི་ཕུང་པོ

Aggregate of seeing the wisdom of liberation

Sixteen Arhats

།གནས་བརྟན་བཅུ་དྲུག་ནི།

1

Aṅgaja

གནས་བརྟན་ཡན་ལག་འབྱུང

2

Ajita

གནས་བརྟན་མ་ཕམ་པ

3

Vanavāsin

གནས་བརྟན་ནགས་ན་གནས

4

Kālika

གནས་བརྟན་དུས་ལྡན

5

Vajrīputra

གནས་བརྟན་རྡོ་རྗེ་མོ་འི་བུ

6

Śrībhadra

གནས་བརྟན་དཔལ་བཟང་པོ

7

Kanakavatsa

གནས་བརྟན་གསེར་བེ་ཅུ

8

Kanakabharadvāja

གནས་བརྟན་བྷ་ར་དྭཱ་ཛ་གསེར་ཅན

9

Bakula

གནས་བརྟན་བ་ཀུ་ལ

10

Rāhula

གནས་བརྟན་སྒྲ་གཅན་འཛིན

11

Cūḍapanthaka

གནས་བརྟན་ལམ་ཕྲན་བསྟན

12

Piṇḍola Bharadvāja

གནས་བརྟན་བྷ་ར་དྭཱ་ཛ་བསོད་སྙོམས་ལེན

13

Panthaka

གནས་བརྟན་ལམ་བསྟན

14

Nāgasena

གནས་བརྟན་ཀླུའི་སྡེ

15

Gopaka

གནས་བརྟན་སྦེད་བྱེད

16

Abheda

གནས་བརྟན་མི་ཕྱེད་པ

Eighteen Schools and Four Subdivisions
། སྡེ་བཞི་རྣམ་པ་བཅོ་བརྒྱད་ནི།

1–7

Sarvāstivāda

ཐམས་ཅད་ཡོད་པར་སྨྲ་བའི་སྡེ་བདུན

1

Mūlasarvāstivāda

གཞི་ཐམས་ཅད་ཡོད་པར་སྨྲ་བའི་སྡེ

2

Kāśyapīya

འོད་སྲུངས་ཀྱི་སྡེ

3

Mahīśāsaka

ས་སྟོན་གྱི་སྡེ

4

Dharmaguptaka

ཆོས་སྲུངས་ཀྱི་སྡེ

5

Bahuśrutīya

མང་དུ་ཐོས་པའི་སྡེ

6

Tāmraśāṭīya

གོས་དམར་བའི་སྡེ

7

Vibhajya-vādin

རྣམ་པར་ཕྱེ་སྟེ་སྨྲ་བའི་སྡེ

8–10

Sammatīya

ཀུན་གྱིས་བཀུར་བའི་སྡེ་གསུམ

8

Kaurukullaka

ས་སྒྲོགས་རིགས་ཀྱི་སྡེ

9

Avantaka

སྲུང་བ་པའི་སྡེ

10

Vātsīputrīya

གནས་མ་བུ་པའི་སྡེ

11–15

Mahāsāṃghika

དགེ་འདུན་ཕལ་ཆེན་པའི་སྡེ་ལྔ

11

Pūrvaśaila

ཤར་གྱི་རི་བོའི་སྡེ

12

Aparaśaila

ནུབ་ཀྱི་རི་བོའི་སྡེ

13

Haimavata

གངས་རི་པའི་སྡེ

14

Lokottaravādin

འཇིག་རྟེན་འདས་སྨྲ་བའི་སྡེ

15

Prajñaptivādin

བཏགས་པར་སྨྲ་བའི་སྡེ

16–18
Sthavira
གནས་བརྟན་པའི་སྡེ་གསུམ

16

Mahāvihāravāsin

གཙུག་ལག་ཁང་ཆེན་གནས་པའི་སྡེ

17

Jetavanīya

རྒྱལ་བྱེད་ཚལ་གནས་པའི་སྡེ

18

Abhayagirivāsin

འཇིགས་མེད་རི་གནས་པའི་སྡེ

Nine Meditations on Disagreeable Things
། མི་སྡུག་པ་སྒོམ་པའི་དགུ་ནི།

1

Vinīlaka-saṁjñā

རྣམ་པར་སྔོས་པའི་འདུ་ཤེས

Perception of a bluish corpse

2

Vipūyaka-saṁjñā

རྣམ་པར་རྣག་པའི་འདུ་ཤེས

Perception of a putrefying corpse

3

Vipaḍumaka-saṁjñā

རྣམ་པར་འབུས་བཞིགས་པའི་འདུ་ཤེས

Perception of a worm-eaten corpse

4

Vyādhmātaka-saṁjñā

རྣམ་པར་བམ་པའི་འདུ་ཤེས

Perception of a swollen corpse

5

Vilohitaka-saṁjñā

རྣམ་པར་དམར་བའི་འདུ་ཤེས

Perception of a bloody corpse

6

Vikhāditaka-saṁjñā

རྣམ་པར་ཟོས་པའི་འདུ་ཤེས

Perception of a corpse being devoured

7

Vikṣiptaka-saṁjñā

རྣམ་པར་འཐོར་བའི་འདུ་ཤེས

Perception of the bones being scattered

8

Vidagdhaka-saṁjñā

རྣམ་པར་ཚིག་པའི་འདུ་ཤེས

Perception of a burned corpse

9

Asthi-saṁjñā

རུས་གོང་གི་འདུ་ཤེས

Perception of dry bones

Four Types of Person

།གང་ཟག་བཞི་ནི།

1

Tamas-tamaḥ-parāyaṇaḥ

མུན་ཁྲོད་ནས་མུན་ཁྲོད་དུ་འགྲོ་བ

One who passes from darkness to darkness

2

Tamo-jyotiṣ-parāyaṇaḥ

མུན་ཁྲོད་ནས་སྣང་བར་འགྲོ་བ

One who passes from darkness to light

3

Jyotis-tamaḥ-parāyaṇaḥ

སྣང་བ་ནས་མུན་ཁྲོད་དུ་འགྲོ་བ

One who passes from light to darkness

4

Jyotir-jyotiṣ-parāyaṇaḥ

སྣང་བ་ནས་སྣང་བར་འགྲོ་བ

One who passes from light to light

Seven Stages of the Śrāvaka

།ཉན་ཐོས་ཀྱི་ས་བདུན་ནི།

1

Śukla-vidarśanā-bhūmiḥ

དཀར་པོ་རྣམ་པར་མཐོང་བའི་ས

The stage of seeing pure brightness

2
Gotra-bhūmiḥ
རིགས་ཀྱི་ས
The stage of lineage

3
Aṣṭamaka-bhūmiḥ
བརྒྱད་པའི་ས
The stage of the eighth

4
Darśana-bhūmiḥ
མཐོང་བའི་ས
The stage of vision

5
Tanū-bhūmiḥ
བསྲབས་པའི་ས
The stage of leanness

6
Vigata-rāga-bhūmiḥ
འདོད་ཆགས་དང་བྲལ་བའི་ས
The stage free from attachment

7
Kṛtāvi-bhūmiḥ
བྱས་པ་རྟོགས་པའི་ས
The stage of realizing one's actions

Four Paths

།ལམ་བཞི་ནི།

1

Srotāpanna

རྒྱུན་དུ་ཞུགས་པ

Streamwinner

2

Sakṛdāgāmin

ལན་ཅིག་ཕྱིར་འོང་བ

Once-returner

3

Anāgāmin

ཕྱིར་མི་འོང་བ

Never-returner

4

Arhat

དགྲ་བཅོམ་པ

Saint

Ten Mindfulnesses

།རྗེས་སུ་དྲན་པ་བཅུ་ནི།

1–6

Ṣaḍ-anusmṛtayaḥ

རྗེས་སུ་དྲན་པ་དྲུག

The six mindfulnesses

7

Ānāpānānusmṛti

དབུགས་བརྔུབས་པ་དང་འབྱུང་བ་རྗེས་སུ་དྲན་པ

Mindfulness of breath

8
Udvegānusmṛti
ཡིད་སྐྱོ་བ་རྗེས་སུ་དྲན་པ
Mindfulness of agitation

9
Maraṇānusmṛti
ཤི་རྗེས་སུ་དྲན་པ
Mindfulness of death

10
Kāyagatānusmṛti
ལུས་རྗེས་སུ་དྲན་པ
Mindfulness of the body

Eleven Understandings
།ཤེས་པ་བཅུ་གཅིག་ནི།

1
Duḥkha-jñāna
སྡུག་བསྔལ་ཤེས་པ
Understanding suffering

2
Samudaya-jñāna
ཀུན་འབྱུང་བ་ཤེས་པ
Understanding the source of suffering

3
Nirodha-jñāna
འགོག་པ་ཤེས་པ
Understanding the cessation of suffering

4

Mārga-jñāna

ལམ་ཤེས་པ

Understanding the path

5

Kṣaya-jñāna

ཟད་པ་ཤེས་པ

Understanding extinction

6

Anutpāda-jñāna

མི་སྐྱེ་བ་ཤེས་པ

Understanding nonproduction

7

Dharma-jñāna

ཆོས་ཤེས་པ

Understanding of dharmas

8

Anvaya-jñāna

རྗེས་སུ་རྟོགས་པར་ཤེས་པ

Inferential understanding

9

Saṁvṛti-jñāna

ཀུན་རྫོབ་ཤེས་པ

Understanding worldly conventions

10

Paracitta-jñāna

གཞན་གྱི་སེམས་ཤེས་པ

Understanding the minds of others

11
Yathābhūta-jñāna
ཡང་དག་པ་ཇི་ལྟ་བ་ཤེས་པ
Understanding reality

Five Paths
།ལམ་ལྔ་ནི།

1
Saṁbhāramārga
ཚོགས་ལམ
Path of accumulation

2
Prayogamārga
སྦྱོར་ལམ
Path of application

3
Darśanamārga
མཐོང་ལམ
Path of insight

4
Bhāvanāmārga
སྒོམ་ལམ
Path of meditation

5
Aśaikṣamārga
མི་སློབ་པའི་ལམ
Path of no more to learn

Ten Stages of the Bodhisattva

། བྱང་ཆུབ་སེམས་དཔའི་ས་བཅུ་ནི །

1

Pramuditā-bhūmi

རབ་ཏུ་དགའ་བ

The joyous

2

Vimalā-bhūmi

དྲི་མ་མེད་པ

The immaculate

3

Prabhākarī-bhūmi

འོད་བྱེད་པ

The light-giving

4

Arciṣmatī-bhūmi

འོད་འཕྲོ་ཅན

The radiant

5

Sudurjayā-bhūmi

ཤིན་ཏུ་སྦྱང་དཀའ་བ

Difficult to conquer

6

Abhimukhī-bhūmi

མངོན་དུ་གྱུར་པ

The presencing

7

Dūraṁgamā-bhūmi

རིང་དུ་སོང་བ

The far-reaching

8

Acalā-bhūmi

མི་གཡོ་བ

The unswerving

9

Sādhumatī-bhūmi

ལེགས་པའི་བློ་གྲོས

Of fine discernment

10

Dharmameghā-bhūmi

ཆོས་ཀྱི་སྤྲིན

The cloud of Dharma

Seven Greatest Riches

།འཕགས་པའི་ནོར་བདུན་ནི།

1

Śraddhā-dhanam

དད་པའི་ནོར

Wealth of faith

2

Śīla-dhanam

ཚུལ་ཁྲིམས་ཀྱི་ནོར

Wealth of moral practice

3

Hrī-dhanam

ངོ་ཚ་ཤེས་པའི་ནོར

Wealth of self-restraint

4
Apatrāpya-dhanam
ཁྲེལ་ཡོད་པའི་ནོར
Wealth of propriety

5
Śruta-dhanam
ཐོས་པའི་ནོར
Wealth of hearing the teachings

6
Tyāga-dhanam
གཏོང་བའི་ནོར
Wealth of giving

7
Prajñā-dhanam
ཤེས་རབ་ཀྱི་ནོར
Wealth of wisdom

Eightfold Noble Path

།འཕགས་པའི་ལམ་ཡན་ལག་བརྒྱད་ནི།

1
Samyagdṛṣṭi
ཡང་དག་པའི་ལྟ་བ
Right vision

2
Samyaksaṁkalpa
ཡང་དག་པའི་རྟོགས་པ
Right conception

3
Samyagvāc
ཡང་དག་པའི་ངག
Right speech

4
Samyakkarmānta
ཡང་དག་པའི་ལས་ཀྱི་མཐའ
Right conduct

5
Samyagājīva
ཡང་དག་པའི་འཚོ་བ
Right livelihood

6
Samyagvyāyāma
ཡང་དག་པའི་རྩོལ་བ
Right effort

7
Samyaksmṛti
ཡང་དག་པའི་དྲན་པ
Right mindfulness

8
Samyaksamādhi
ཡང་དག་པའི་ཏིང་ངེ་འཛིན
Right one-pointed contemplation

Thirty-seven Branches of Enlightenment

། བྱང་ཆུབ་ཀྱི་ཡན་ལག་གསུམ་བཅུ་རྩ་བདུན་ནི །

1–4

Catvāri smṛtyupasthānāni

དྲན་པ་ཉེ་བར་གཞག་པ་བཞི

Four applications of mindfulness

5–8

Catvāri prahāṇāni

ཡང་དག་པར་སྤོང་བ་བཞི

Four restraints

9–12

Catvāri ṛddhi-pādās

རྫུ་འཕྲུལ་གྱི་རྐང་པ་བཞི

Four bases of miraculous power

13–17

Pañca-balāni

སྟོབས་ལྔ

Five strengths

18–22

Pañcendriyāni

དབང་པོ་ལྔ

Five powers

23–29

Sapta-bodhyaṅgāni

བྱང་ཆུབ་ཀྱི་ཡན་ལག་བདུན

Seven branches of enlightenment

30–37

Aṣṭāṅga-mārga-nāmāni

འཕགས་པའི་ལམ་ཡན་ལག་བརྒྱད

Eightfold noble path

Four Aids towards Release

། ངེས་པར་འབྱེད་པའི་ཆ་དང་མཐུན་པ་བཞི་ནི།

1

Uṣmagataḥ

དྲོད

Warmth

2

Mūrdhānaṁ

རྩེ་མོ

Spiritual exaltation

3

Kṣāntiḥ

བཟོད་པ

Patience

4

Laukikāgradharmaḥ

འཇིག་རྟེན་པའི་ཆོས་མཆོག

Highest of supporting dharmas

Four Kinds of Merit

། བསོད་ནམས་བྱ་བའི་དངོས་པོ་བཞི་ནི།

1

Dānamayaṁ puṇyakriyāvastu

སྦྱིན་པ་ལས་བྱུང་བའི་བསོད་ནམས་བྱ་བའི་དངོས་པོ

Merit which comes from giving

2

Śīlamayaṁ puṇyakriyāvastu

ཚུལ་ཁྲིམས་ལས་བྱུང་བའི་བསོད་ནམས་བྱ་བའི་དངོས་པོ

Merit which comes from moral practice

3

Bhāvanāmayaṁ puṇyakriyāvastu

བསྒོམ་པ་ལས་བྱུང་བའི་བསོད་ནམས་ བྱ་བའི་དངོས་པོ

Merit which comes from meditation

4

Upadhikaṁ puṇyakriyāvastu

རྫས་ལས་བྱུང་བའི་བསོད་ནམས་བྱ་ བའི་དངོས་པོ

Merit which comes from various things

Five Strengths

། སྟོབས་ལྔ་ནི །

1

Śraddhā-bala

དད་པའི་སྟོབས

Strength of faith

2

Vīrya-bala

བརྩོན་འགྲུས་ཀྱི་སྟོབས

Strength of effort

3

Smṛti-bala

དྲན་པའི་སྟོབས

Strength of mindfulness

4

Samādhi-bala

ཏིང་ངེ་འཛིན་གྱི་སྟོབས

Strength of one-pointed contemplation

5

Prajñā-bala

ཤེས་རབ་ཀྱི་སྟོབས

Strength of wisdom

Four Complete Purities

།རྣམ་ པ་ཐམས་ཅད་ དག་ པ་བཞི་ནི།

1

Kāyaviśuddha

ལུས་ རྣམ་ པར་ དག་ པ

Complete purity of body

2

Upalambhaviśuddha

དམིགས་པ་རྣམ་པར་དག་པ

Complete purity of perception

3

Cittaviśuddha

སེམས་ རྣམ་པར་དག་པ

Complete purity of mind

4

Jñānaviśuddha

ཡེ་ཤེས་རྣམ་པར་དག་པ

Complete purity of awareness

Six Pāramitās

།ཕ་རོལ་དུ་ཕྱིན་པ་དྲུག་ནི།

1

Dāna-pāramitā

སྦྱིན་པའི་ཕ་རོལ་དུ་ཕྱིན་པ

Pāramitā of giving

2

Śīla-pāramitā

ཚུལ་ཁྲིམས་ཀྱི་ཕ་རོལ་དུ་ཕྱིན་པ

Pāramitā of morality

3

Kṣānti-pāramitā

བཟོད་པའི་ཕ་རོལ་དུ་ཕྱིན་པ

Pāramitā of patience

4

Vīrya-pāramitā

བརྩོན་འགྲུས་ཀྱི་ཕ་རོལ་དུ་ཕྱིན་པ

Pāramitā of effort

5

Dhyāna-pāramitā

བསམ་གཏན་གྱི་ཕ་རོལ་དུ་ཕྱིན་པ

Pāramitā of meditation

6

Prajñā-pāramitā

ཤེས་རབ་ཀྱི་ཕ་རོལ་དུ་ཕྱིན་པ

Pāramitā of wisdom

Three Forms of Wisdom

།ཤེས་རབ་རྣམ་པ་གསུམ་ནི།

1

Śrutamayī prajñā

ཐོས་པ་ལས་བྱུང་བའི་ཤེས་རབ

Wisdom acquired through hearing

2

Cintāmayī prajñā

བསམ་པ་ལས་བྱུང་བའི་ཤེས་རབ

Wisdom acquired through contemplation

3

Bhāvanāmayī prajñā

བསྒོམས་པ་ལས་བྱུང་བའི་ཤེས་རབ

Wisdom acquired through meditation

Ten Pāramitās

། ཕ་རོལ་ཏུ་ཕྱིན་པ་བཅུ་ནི།

1–6

Ṣaḍ-pāramitāḥ

ཕ་རོལ་ཏུ་ཕྱིན་པ་ དྲུག

The six pāramitās

7

Upāya-pāramitā

ཐབས་ཀྱི་ཕ་རོལ་ཏུ་ཕྱིན་པ

Pāramitā of means

8

Praṇidhāna-pāramitā

སྨོན་ལམ་གྱི་ཕ་རོལ་ཏུ་ཕྱིན་པ

Pāramitā of aspiration

9
Bala-pāramitā
སྟོབས་ཀྱི་ཕ་རོལ་ཏུ་ཕྱིན་པ
Pāramitā of strength

10
Jñāna-pāramitā
ཡེ་ཤེས་ཀྱི་ཕ་རོལ་ཏུ་ཕྱིན་པ
Pāramitā of Pristine Awareness

Five Powers

།དབང་པོ་ལྔ་ནི།

1
Śraddhendriya
དད་པའི་དབང་པོ
Power of faith

2
Vīryendriya
བརྩོན་འགྲུས་ཀྱི་དབང་པོ
Power of effort

3
Smṛtīndriya
དྲན་པའི་དབང་པོ
Power of mindfulness

4
Samādhīndriya
ཏིང་ངེ་འཛིན་གྱི་དབང་པོ
Power of one-pointed contemplation

5
Prajñendriya
ཤེས་རབ་ཀྱི་དབང་པོ
Power of wisdom

Four Bases of Miraculous Power

། རྫུ་འཕྲུལ་གྱི་རྐང་པ་བཞི་ནི །

1

Chanda-samādhi-prahāṇa-saṁskāra-
samanvāgato ṛddhi-pādaḥ

འདུན་པའི་ཏིང་ངེ་འཛིན་སྤོང་བའི་འདུ་བྱེད་དང་ལྡན་པའི་
རྫུ་འཕྲུལ་གྱི་རྐང་པ

The basis of miraculous power having the formative force
released through one-pointed cultivation of will

2

Citta-samādhi-prahāṇa-saṁskāra-
samanvāgato ṛddhi-pādaḥ

སེམས་ཀྱི་ཏིང་ངེ་འཛིན་སྤོང་བའི་འདུ་བྱེད་དང་ལྡན་པའི་རྫུ་འཕྲུལ་གྱི་རྐང་པ

The basis of miraculous power having the formative force
released through one-pointed cultivation of mind

3

Vīrya-samādhi-prahāṇa-saṁskāra
samanvāgato ṛddhi-pādaḥ

བརྩོན་འགྲུས་ཀྱི་ཏིང་ངེ་འཛིན་སྤོང་བའི་འདུ་བྱེད་དང་ལྡན་པའི་
རྫུ་འཕྲུལ་གྱི་རྐང་པ

The basis of miraculous power having the formative force
released through one-pointed cultivation of effort

4

Mīmāṁsā-samādhi-prahāṇa-saṁskāra
samanvāgato ṛddhi-pādaḥ

དཔྱོད་པའི་ཏིང་ངེ་འཛིན་སྤོང་བའི་འདུ་བྱེད་དང་ལྡན་པའི་རྫུ་འཕྲུལ་གྱི་རྐང་པ

The basis of miraculous power having the formative force released
through one-pointed cultivation of analysis

Six Incomparable Things

། བླ་ན་མེད་པ་དྲུག་ནི།

1

Darśanānuttaryam

མཐོང་བ་བླ་ན་མེད་པ

Incomparable vision

2

Śravaṇānuttaryam

ཐོས་པ་བླ་ན་མེད་པ

Incomparable hearing of the teachings

3

Lābhānuttaryam

རྙེད་པ་བླ་ན་མེད་པ

Incomparable acquisition

4

Śikṣānuttaryam

བསླབ་པ་བླ་ན་མེད་པ

Incomparable learning

5

Paricaryānuttaryam

རིམ་གྲོ་བྱ་བ་བླ་ན་མེད་པ

Incomparable religious service

6

Anusmṛty-anuttaryam

རྗེས་སུ་དྲན་པ་བླ་ན་མེད་པ

Incomparable mindfulness

Fourteen Undemonstrated Premises

།ལུང་དུ་མ་བསྟན་པའི་ཆོས་བཅུ་བཞི་ནི།

1

Śāśvato lokaḥ

འཇིག་རྟེན་རྟག

The universe is eternal.

2

Aśāśvato lokaḥ

འཇིག་རྟེན་མི་རྟག

The universe is not eternal.

3

Śāśvataś cāśāśvataś ca

རྟག་ཀྱང་རྟག་ལ་མི་རྟག་ ཀྱང་མི་རྟག

The universe is eternal as well as non-eternal.

4

Naiva śaśvato nāśāśvataś ca

རྟག་པ་ཡང་མ་ཡིན་མི་རྟག་པ་ཡང་མ་ ཡིན

The universe is neither eternal nor non-eternal.

5

Antavān lokaḥ

འཇིག་རྟེན་མཐའ་ཡོད་པ

The universe has a limit.

6

Anantavān lokaḥ

འཇིག་རྟེན་མཐའ་ ཡོད་པ་མ་ཡིན

The universe has no limit.

7

Antavāṁś cānantavāṁś ca

མཐའ་ཡོད་ཀྱང་ཡོད་ལ་མཐའ་མེད་ཀྱང་མེད

The universe has both limit and no limit.

8

Naivāntavān nānantavān

མཐའ་ཡོད་པ་ཡང་མ་ཡིན་མེད་པ་ཡང་མ་ཡིན

The universe has neither limit nor no limit.

9

Bhavati tathāgataḥ paraṁ maraṇāt

དེ་བཞིན་གཤེགས་པ་ཤི་ནས་ཡོད

The Tathāgata exists after death.

10

Na bhavati tathāgataḥ paraṁ maraṇāt

དེ་བཞིན་གཤེགས་པ་ཤི་ནས་མེད

The Tathāgata does not exist after death.

11

Bhavati ca na bhavati ca tathāgataḥ paraṁ maraṇāt

དེ་བཞིན་གཤེགས་པ་ཤི་ནས་ཡོད་ཀྱང་ཡོད་ལ་མེད་ཀྱང་མེད

The Tathāgata exists and does not exist after death.

12

Naiva bhavati na na bhavati tathāgataḥ paraṁ maraṇāt

དེ་བཞིན་གཤེགས་པ་ཤི་ནས་ཡོད་པ་ཡང་མ་ཡིན་མེད་པ་ཡང་མ་ཡིན

The Tathāgata neither exists nor does not exist after death.

13

Sajīvas tac charīraṁ

སྲོག་དེ་ལུས་ཡིན

Life is this body.

14

Anyo jīvo ’nyaccharīraṁ

སྲོག་ཀྱང་གཞན་ལ་ལུས་ཀྱང་གཞན

Life is other than this body.

Six Super-knowledges

།མངོན་པར་ཤེས་པ་དྲུག་ནི།

1

Divyaṁ cakṣuḥ

ལྷའི་སྤྱན

Eye of the gods

2

Divyaṁ śrotraṁ

ལྷའི་སྙན

Hearing of the gods

3

Paracitta-jñānaṁ

ཕ་རོལ་གྱི་སེམས་ཤེས་པ

Ability to read the minds of others

4

Pūrva-nivāsānusmṛti-jñānaṁ

སྔོན་གྱི་གནས་རྗེས་སུ་དྲན་པ་ཤེས་པ

Remembrance of past lives

5

Ṛddhi-vidhi-jñānaṁ

རྫུ་འཕྲུལ་གྱི་བྱ་བ་ཤེས་པ

Ability to perform miraculous transformations

6

Āśrava-kṣaya-jñānaṁ

ཟག་པ་ཟད་པ་ཤེས་པ

Ability to destroy all imperfections

Four Blessings

།བྱིན་གྱིས་བརླབ་པ་བཞི་ནི།

1

Satyādhiṣṭhānam

བདེན་པའི་བྱིན་གྱིས་བརླབ་པ

The blessing of truth

2

Tyāgādhiṣṭhānam

གཏོང་བའི་བྱིན་གྱིས་བརླབ་པ

The blessing of liberality

3

Upaśamādhiṣṭhānam

ཉེ་བར་ཞི་བའི་བྱིན་གྱིས་བརླབ་པ

The blessing of tranquility

4

Prajñādhiṣṭhānam

ཤེས་རབ་ཀྱི་བྱིན་གྱིས་བརླབ་པ

The blessing of wisdom

Three Knowledges

།རིག་པ་གསུམ་ནི།

1

Aśaikṣī pūrve nivāsajñānasākṣātkriyāvidyā

སྔོན་གྱི་གནས་ཤེས་པ

Knowledge of past lives

2

Aśaikṣī cyutyupapādajñānasākṣātkriyāvidyā

འཆི་འཕོ་བ་དང་སྐྱེ་བ་ཤེས་པ

Knowledge of the process of death and birth

3

Aśaikṣī āsravakṣayajñānasākṣātkriyāvidyā

ཟག་པ་ཟད་པ་ཤེས་པ

Knowledge of the end of imperfections

Four Formless Absorptions

།གཟུགས་མེད་པའི་སྙོམས་པར་འཇུག་པ་བཞི་ནི།

1

Ākāśānantyāyatanam

ནམ་མཁའ་མཐའ་ཡས་སྐྱེ་མཆེད

Boundless space

2

Vijñānānantyāyatanam

རྣམ་ཤེས་མཐའ་ཡས་སྐྱེ་མཆེད

Boundless consciousness

3

Ākiṁcanyāyatanam

ཅི་ཡང་མེད་པའི་སྐྱེ་མཆེད

Nothingness

4

Naiva-saṁjñānāsaṁjñāyatanam

འདུ་ཤེས་མེད་འདུ་ཤེས་མེད་མིན་སྐྱེ་མཆེད

Neither perception nor non-perception

Ten Prototypes

།ཟད་པར་སྐྱེ་མཆེད་ བཅུ་ནི།

1

Nīla-kṛtsnāyatanam

ཟད་པར་སྔོན་པོ འི་སྐྱེ་མཆེད

Prototype of blue

2

Pīta-kṛtsnāyatanam

ཟད་པར་སེར་པོ འི་སྐྱེ་མཆེད

Prototype of yellow

3

Lohita-kṛtsnāyatanam

ཟད་པར་དམར་པོ འི་སྐྱེ་མཆེད

Prototype of red

4

Avadāta-kṛtsnāyatanam

ཟད་པར་དཀར་པོའི་སྐྱེ་མཆེད

Prototype of white

5

Pṛthivī-kṛtsnāyatanam

ཟད་པར་སའི་སྐྱེ་མཆེད

Prototype of earth

6

Ap-kṛtsnāyatanam

ཟད་པར་ཆུའི་སྐྱེ་མཆེད

Prototype of water

7

Tejas-kṛtsnāyatanam

ཟད་པར་མེའི་སྐྱེ་མཆེད

Prototype of fire

8

Vāyu-kṛtsnāyatanam

ཟད་པར་རླུང་གི་སྐྱེ་མཆེད

Prototype of air

9

Ākāśa-kṛtsnāyatanam

ཟད་པར་ནམ་མཁའི་སྐྱེ་མཆེད

Prototype of space

10

Vijñāna-kṛtsnāyatanam

ཟད་པར་རྣམ་པར་ཤེས་པའི་སྐྱེ་མཆེད

Prototype of consciousness

Seven Branches of Enlightenment

།བྱང་ཆུབ་ཀྱི་ཡན་ལག་བདུན་ནི།

1

Smṛti-saṁbodhyaṅga

དྲན་པ་ཡང་དག་བྱང་ཆུབ་ཀྱི་ཡན་ལག

Enlightened mindfulness

2

Dharma-pravicaya-saṁbodhyaṅga

ཆོས་རབ་ཏུ་རྣམ་པར་འབྱེད་པ་ཡང་དག་བྱང་ཆུབ་ཀྱི་ཡན་ལག

Enlightened investigation of truth

3

Vīrya-saṁbodhyaṅga

བརྩོན་འགྲུས་ཡང་དག་བྱང་ཆུབ་ཀྱི་ཡན་ལག

Enlightened effort

4

Prīti-saṁbodhyaṅga

དགའ་བ་ཡང་དག་བྱང་ཆུབ་ཀྱི་ཡན་ལག

Enlightened joy

5

Prasrabdhi-saṁbodhyaṅga

ཤིན་ཏུ་སྦྱངས་པ་ཡང་དག་བྱང་ཆུབ་ཀྱི་ཡན་ལག

Enlightened flexibility

6

Samādhi-saṁbodhyaṅga

ཏིང་ངེ་འཛིན་ཡང་དག་བྱང་ཆུབ་ཀྱི་ཡན་ལག

Enlightened one-pointed contemplation

7

Upekṣā-saṁbodhyaṅga

བཏང་སྙོམས་ཡང་དག་བྱང་ཆུབ་ཀྱི་ཡན་ལག

Enlightened equanimity

Nine Attainments of Successive Stations

། མཐར་གྱིས་གནས་དགུ་ནི །

1–4

Catvāri dhyānāni

བསམ་གཏན་བཞི

Four contemplations

5–8

Ārūpyā-samāpattiḥ

གཟུགས་མེད་པའི་སྙོམས་པར་འཇུག་པ

Four formless absorptions

9

Saṁjñā-vedayita-nirodha

འདུ་ཤེས་དང་ཚོར་བ་དང་འགོག་པ

Cessation of perception and feeling

Ten Types of Knowledge

། ཤེས་པ་བཅུ་ནི །

1

Dharma-jñānam

ཆོས་ཤེས་པ

Knowledge of the Dharma

2

Paracitta-jñānam

ཕ་རོལ་གྱི་སེམས་ཤེས་པ

Knowledge of the minds of others

3

Anvaya-jñānam

རྗེས་སུ་རྟོགས་པར་ཤེས་པ

Inferential knowledge

4
Saṁvṛti-jñānam
ཀུན་རྫོབ་ཤེས་པ
Conventional knowledge

5
Duḥkha-jñānam
སྡུག་བསྔལ་ཤེས་པ
Knowledge of misery

6
Samudaya-jñānam
ཀུན་འབྱུང་ཤེས་པ
Knowledge of the source of suffering

7
Nirodha-jñānam
འགོག་པ་ཤེས་པ
Knowledge of the cessation of suffering

8
Mārga-jñānam
ལམ་ཤེས་པ
Knowledge of the path

9
Kṣaya-jñānam
ཟད་པ་ཤེས་པ
Knowledge of extinction

10
Anutpāda-jñānam
མི་སྐྱེ་བ་ཤེས་པ
Knowledge of nonproduction

Four Restraints

།ཡང་དག་པར་སྤོང་བ་བཞི་ནི།

1

Anutpannānāṁ pāpakānām akuśalānāṁ
dharmāṇāṁ anutpādāyacchandaṁ janayati
སྡིག་པ་མི་དགེ་བའི་ཆོས་མ་སྐྱེས་པ་རྣམས་མི་བསྐྱེད་པའི་ཕྱིར་འདུན་པ་བསྐྱེད་དོ
Strive not to initiate nonvirtuous actions not yet generated.

2

Utpannānāṁ pāpakānām akuśalānāṁ
dharmāṇāṁ prahāṇāyacchandaṁ janayati
སྡིག་པ་མི་དགེ་བའི་ཆོས་སྐྱེས་པ་རྣམས་སྤང་བའི་ཕྱིར་འདུན་པ་བསྐྱེད་དོ
Strive to give up nonvirtuous actions which have been generated.

3

Anutpannānāṁ kuśalānāṁ
dharmāṇāṁ utpādāyacchandaṁ janayati
དགེ་བའི་ཆོས་མ་སྐྱེས་པ་རྣམས་བསྐྱེད་པའི་ཕྱིར་འདུན་པ་བསྐྱེད་དོ
Strive to bring about virtuous actions which
have not yet been generated.

4

Utpannānāṁ kuśalānāṁ dharmāṇāṁ
sthitāye bhūyobhāvattāye asaṁpramoṣāya
paripūraṇāyacchandaṁ janayati
དགེ་བའི་ཆོས་སྐྱེས་པ་རྣམས་གནས་པ་དང་ཕྱིར་ཞིང་འབྱུང་བ་དང་
ཉམས་པར་མི་འགྱུར་བ་དང་ཡོངས་སུ་རྫོགས་པར་བྱ་བའི་ཕྱིར་འདུན་པ་བསྐྱེད་དོ
Strive to maintain, increase, stabilize, and perfect
virtues already generated.

Four Applications of Mindfulness

།དྲན་པ་ཉེ་བར་གཞག་པ་བཞི་ནི།

1

Kāya-smṛty-upasthāna

ལུས་དྲན་པ་ཉེ་བར་གཞག་པ

Application of mindfulness to body

2

Vedanā-smṛty-upasthāna

ཚོར་བ་དྲན་པ་ཉེ་བར་གཞག་པ

Application of mindfulness to feeling

3

Citta-smṛty-upasthāna

སེམས་དྲན་པ་ཉེ་བར་གཞག་པ

Application of mindfulness to mind

4

Dharma-smṛty-upasthāna

ཆོས་དྲན་པ་ཉེ་བར་གཞག་པ

Application of mindfulness to all things

Four Analytical Knowledges

།སོ་སོ་ཡང་དག་པར་རིག་པ་བཞི་ནི།

1

Dharma-pratisaṁvit

ཆོས་སོ་སོ་ཡང་དག་པར་རིག་པ

Exact understanding of different teachings

2

Artha-pratisaṁvit

དོན་སོ་སོ་ཡང་དག་པར་རིག་པ

Exact understanding of different meanings

3

Nirukti-pratisaṁvit

ངེས་པའི་ཚིག་སོ་སོ་ཡང་དག་པར་རིག་པ

Exact understanding of different languages

4

Pratibhāna-pratisaṁvit

སྤོབས་པ་སོ་སོ་ཡང་དག་པར་རིག་པ

Exact understanding of inner confidence
in expressing the teachings

Three Doors of Liberation

།རྣམ་པར་ཐར་པའི་སྒོ་གསུམ་ནི།

1

Bhāva-śūnyatā

ངོ་བོ་སྟོང་པ་ཉིད

Nature: Openness

2

Hetu-animittam

རྒྱུ་མཚན་མ་མེད་པ

Cause: Signlessness

3

Phala-apraṇihitam

འབྲས་སྨོན་པ་མེད་པ

Fruit: Wishlessness

Eighteen Types of Openness

། སྟོང་པ་ཉིད་བཅོ་བརྒྱད་ནི།

1

Adhyātma-śūnyatā

ནང་སྟོང་པ་ཉིད

Inner openness

2

Bahirdhā-śūnyatā

ཕྱི་སྟོང་པ་ཉིད

Outer openness

3

Adhyātma-bahirdhā-śūnyatā

ཕྱི་ནང་སྟོང་པ་ཉིད

Inner and outer openness

4

Śūnyatā-śūnyatā

སྟོང་པ་ཉིད་སྟོང་པ་ཉིད

Openness of openness

5

Mahā-śūnyatā

ཆེན་པོ་སྟོང་པ་ཉིད

Great openness

6

Paramārtha-śūnyatā

དོན་དམ་པ་སྟོང་པ་ཉིད

Openness of absolute reality

7

Saṁskṛta-śūnyatā

འདུས་བྱས་སྟོང་པ་ཉིད

Openness of what is compounded

8

Asaṁskṛta-śūnyatā

འདུས་མ་བྱས་སྟོང་པ་ཉིད

Openness of what is uncompounded

9

Atyanta-śūnyatā

མཐའ་ལས་འདས་པ་སྟོང་པ་ཉིད

Openness of the boundless reaches

10

Anavarāgra-śūnyatā

ཐོག་མ་དང་ཐ་མ་མེད་པ་སྟོང་པ་ཉིད

Openness of what is beginningless and endless

11

Anavakāra-śūnyatā

དོར་བ་མེད་པ་སྟོང་པ་ཉིད

Openness undispersed

12

Prakṛti-śūnyatā

རང་བཞིན་སྟོང་པ་ཉིད

Openness of the very nature of things

13

Sarva-dharma-śūnyatā

ཆོས་ཐམས་ཅད་སྟོང་པ་ཉིད

Openness of all dharmas

14

Svalakṣaṇa-śūnyatā

རང་གི་མཚན་ཉིད་སྟོང་པ་ཉིད

Openness of self-characteristics

15

Anupalambha-śūnyatā

མི་དམིགས་པ་སྟོང་པ་ཉིད

Openness of the unconstrued

16

Abhāva-śūnyatā

དངོས་པོ་མེད་པ་སྟོང་པ་ཉིད

Openness of the non-material

17

Svabhāva-śūnyatā

ངོ་བོ་ཉིད་སྟོང་པ་ཉིད

Openness of the nature of existence

18

Abhāva-svabhāva-śūnyatā

དངོས་པོ་མེད་པའི་ངོ་བོ་ཉིད་སྟོང་པ་ཉིད

Openness of the non-material nature of existence

Ten Strengths of the Buddha

།དེ་བཞིན་གཤེགས་པའི་སྟོབས་བཅུ་ནི།

1

Sthānāsthāna-jñāna-bala

གནས་དང་གནས་མ་ཡིན་པ་མཁྱེན་པའི་སྟོབས

Strength of knowing what is possible and what is not possible

2

Karma-vipāka-jñāna-bala

ལས་ཀྱི་རྣམ་པར་སྨིན་པ་མཁྱེན་པའི་སྟོབས

Strength of knowing the maturation of karma of beings

3

Nānādhimukti-jñāna-bala

མོས་པ་སྣ་ཚོགས་ པ་མཁྱེན་པའི་སྟོབས

Strength of knowing the different propensities of beings

4

Nānā-dhātu-jñāna-bala

ཁམས་སྣ་ཚོགས་པ་མཁྱེན་པའི་སྟོབས

Strength of knowing the different elements of beings

5

Indriya-varāvara-jñāna-bala

དབང་པོ་མཆོག་དང་མཆོག་མ་ཡིན་པ་ མཁྱེན་པའི་སྟོབས

Strength of knowing the higher and lower faculties of beings

6

Sarvatra-gāmanī-pratipatha-jñāna-bala

ཐམས་ཅད་དུ་འགྲོ་བའི་ལམ་མཁྱེན་པའི་སྟོབས

Strength of knowing the way that leads everywhere

7

Sarva-dhyāna-vimokṣa-samādhi-samāpatti
saṁkleśa-vyavadāna-vyutthāna-jñāna-bala

བསམ་གཏན་དང་ རྣམ་པར་ཐར་པ་དང་ ཏིང་ངེ་འཛིན་དང་སྙོམས་པར་འཇུག
པའི་ ཀུན་ནས་ཉོན་ མོངས་པ་ དང་རྣམ་པར་ བྱང་བ་དང་ལྡང་ བ
ཐམས་ ཅད་མཁྱེན་པའི་སྟོབས

The strength of knowing everything concerning
the obscurations of, shifts in, and purification of
concentration, liberation, contemplation, and meditation

8

Pūrva-nivāsānusmṛti-jñāna-bala

སྔོན་གྱི་གནས་རྗེས་སུ་དྲན་པ་མཁྱེན་ པའི་སྟོབས

The strength of knowing previous lives

9

Cyutyutpatti-jñāna-bala

ཤི་འཕོ་བ་དང་སྐྱེ་བ་མཁྱེན་པའི་སྟོབས

The strength of knowing the changes of death and rebirth

10

Aśrava-kṣaya-jñāna-bala

ཟག་པ་ཟད་པ་མཁྱེན་པའི་སྟོབས

The strength of knowing the extinction of all the imperfections

Nine Dharmas That Precede Great Joy

། མཆོག་ཏུ་དགའ་བ་སྔོན་དུ་འགྲོ་བའི་ཆོས་དགུ་ནི །

1

Pramuditasya prītir jāyate

རབ་ཏུ་དགའ་བ་ལས་དགའ་བ་སྐྱེའོ

From great delight, joy arises.

2

Prīti-manasaḥ kāyaḥ prasrabhyate

ཡིད་དགའ་བའི་ལུས་ཤིན་ཏུ་སྦྱངས་པར་འགྱུར་རོ

Through a joyful mind, one has flexibility.

3

Prasrabdha-kāyaḥ sukhaṁ vedayati

ལུས་ཤིན་ཏུ་སྦྱངས་པ་བདེ་བ་མྱོང་བར་བྱེད་དོ

When one is flexible, one experiences happiness.

4

Sukhitasya cittaṁ samādhīyate

བདེ་བར་གྱུར་པའི་སེམས་མཉམ་པར་འཇོག་གོ

When happy, the mind is composed.

5

Samāhita-citto yathā-bhūtaṁ prajānāti
yathā-bhūtaṁ paśyati

སེམས་མཉམ་པར་བཞག་ན་ཡང་དག་པ་ཇི་ལྟ་བ་བཞིན་དུ་རབ་ཏུ་ཤེས་སོ་
ཡང་དག་པ་ཇི་ལྟ་བ་བཞིན་དུ་མཐོང་ངོ་

When the mind is composed, one has knowledge of reality
and sees things as they are.

6

Yathā-bhūta-darśī-nirvidyate

ཡང་དག་པ་ཇི་ལྟ་བ་བཞིན་དུ་མཐོང་བ་སྐྱོ་བར་འགྱུར་རོ་

When one sees things as they are, one is repentant.

7

Nirviṇṇo virajyate

སྐྱོ་ན་འདོད་ཆགས་དང་བྲལ་བར་འགྱུར་རོ་

When repentant, one becomes free from attachment.

8

Virakto vimucyate

འདོད་ཆགས་དང་བྲལ་ནས་རྣམ་པར་གྲོལ་བར་འགྱུར་རོ་

Free from attachment, one becomes liberated.

9

Vimuktasya vimukto 'smīti jñāna-darśanaṁ bhavati

རྣམ་པར་གྲོལ་ན་བདག་རྣམ་པར་གྲོལ་ལོ་སྙམ་པའི་ཡེ་ཤེས་
མཐོང་བ་འབྱུང་ངོ་

Once one is liberated, wisdom arises,
and it is clear that one is liberated.

Ten Strengths of the Bodhisattva

། བྱང་ཆུབ་སེམས་དཔའི་སྟོབས་བཅུ་ནི །

1

Āśaya-bala

བསམ་པའི་སྟོབས

Strength of reflection

2

Adhyāśaya-bala

ལྷག་པའི་བསམ་པའི་སྟོབས

Strength of high resolve

3

Prayoga-bala

སྦྱོར་བའི་སྟོབས

Strength of application

4

Prajñā-bala

ཡེ་ཤེས་ཀྱི་སྟོབས

Strength of wisdom

5

Praṇidhāna-bala

སྨོན་ལམ་གྱི་སྟོབས

Strength of aspiration

6

Yāna-bala

ཐེག་པའི་སྟོབས

Strength of vehicle

7

Caryā-bala

སྤྱོད་པའི་སྟོབས

Strength of activity

8

Vikurvaṇa-bala

རྣམ་པར་འཕྲུལ་བའི་སྟོབས

Strength of transformation

9

Bodhi-bala

བྱང་ཆུབ་ཀྱི་སྟོབས

Strength of enlightenment

10

Dharmacakra-pravartana-bala

ཆོས་ཀྱི་འཁོར་ལོ་རབ་ཏུ་བསྐོར་བའི་ སྟོབས

Strength of turning the Wheel of the Dharma

Ten Powers of the Bodhisattva

།བྱང་ཆུབ་སེམས་དཔའི་དབང་བཅུ་ནི།

1

Citta-vaśitā

སེམས་ལ་དབང་བ

Power over mind

2

Pariṣkāra-vaśitā

ཡོ་བྱད་ལ་དབང་བ

Power over things

3

Āyur-vaśitā

ཚེ་ལ་དབང་བ

Power over life

4
Karma-vaśitā
ལས་ལ་དབང་བ
Power over karma

5
Upapatti-vaśitā
སྐྱེ་བ་ལ་དབང་བ
Power over birth

6
Adhimukti-vaśitā
མོས་པ་ལ་དབང་བ
Power over positive thought

7
Dharma-vaśitā
ཆོས་ལ་དབང་བ
Power in the Dharma

8
Praṇidhāna-vaśitā
སྨོན་ལམ་ལ་དབང་བ
Power over altruistic prayer

9
Ṛddhi-vaśitā
རྫུ་འཕྲུལ་ལ་དབང་བ
Power over manifestation

10
Jñāna-vaśitā
ཡེ་ཤེས་ལ་དབང་བ
Power of wisdom

Twelve Imprints of Patterning, Dhāraṇī of the Bodhisattva

།བྱང་ཆུབ་སེམས་དཔའི་གཟུངས་བཅུ་གཉིས་ནི།

1

Abhiṣecavatī

དབང་བསྐུར་ལྡན་གཟུངས

Pattern of consecration

2

Jñānavatī

ཡེ་ཤེས་ལྡན་གཟུངས

Pattern of awareness

3

Viśuddha-svara-nirghoṣā

སྒྲ་དབྱངས་རྣམ་པར་དག་པ་གཟུངས

Pattern of melodic sound

4

Akṣaya-karaṇḍā

མི་ཟད་པའི་ཟ་མ་ཏོག་གཟུངས

Pattern of an inexhaustible vessel

5

Anantāvartā

འཁྱིལ་བ་མཐའ་ཡས་པ་གཟུངས

Pattern of an endless coil

6

Sāgara-mudrā

རྒྱ་མཚོའི་ཕྱག་རྒྱ་གཟུངས

Pattern of the expanse of the ocean

7

Padma-vyūhā

པདྨ་བཀོད་པ་གཟུངས

Pattern delineating the lotus

8

Asaṅga-mukha-praveśā

ཆགས་པ་མེད་པའི་སྒོར་འཇུག་པ་གཟུངས

Pattern of entering the door of nonattachment

9

Pratisaṁvinniścayāvatārā

སོ་སོ་ཡང་དག་པར་རིག་པ་ངེས་པ་ལ་འཇུག་པ་གཟུངས

Pattern of applying the clear understanding of all things

10

Buddhālaṁkārādhiṣṭhitā

སངས་རྒྱས་ཀྱི་རྒྱན་བྱིན་གྱིས་བརླབས་པ་གཟུངས

Pattern of the Buddha's blessings

11

Ananta-varṇā

ཁ་དོག་མཐའ་ཡས་པ་གཟུངས

Pattern of infinite color

12

Buddha-kāya-varṇa-
pariniṣpatty-abhinirhārā

སངས་རྒྱས་ཀྱི་སྐུའི་ཁ་དོག་ཡོངས་
སུ་རྫོགས་པ་མངོན་པར་བསྒྲུབས་པ་གཟུངས

Pattern of obtaining the perfect color of the Buddha

Sixteen Instantaneous Thoughts

། སེམས་སྐད་ཅིག་མ་བཅུ་དྲུག་ནི།

1

Duḥkhe dharma-jñāna-kṣāntiḥ

སྡུག་བསྔལ་ལ་ཆོས་ཤེས་པའི་བཟོད་པ

Acceptance of the truth of suffering

2

Duḥkhe dharma-jñānam

སྡུག་བསྔལ་ལ་ཆོས་ཤེས་པ

Knowledge of the truth of suffering

3

Duḥkhe 'nvaya-jñāna-kṣāntiḥ

སྡུག་བསྔལ་ལ་རྗེས་སུ་རྟོགས་པར་ཤེས་པའི་བཟོད་པ

Acceptance of the implications of suffering

4

Duḥkhe 'nvaya-jñānam

སྡུག་བསྔལ་ལ་རྗེས་སུ་རྟོགས་པའི་ཤེས་པ

Knowledge of the implications of suffering

5

Samudaye dharma-jñāna-kṣantiḥ

ཀུན་འབྱུང་ལ་ཆོས་ཤེས་པའི་བཟོད་པ

Acceptance of the truth of the source of suffering

6

Samudaye dharma-jñānam

ཀུན་འབྱུང་ལ་ཆོས་ཤེས་པ

Knowledge of the truth of the source of suffering

7

Samudaye 'nvaya-jñāna-kṣantiḥ

ཀུན་འབྱུང་ལ་རྗེས་སུ་རྟོགས་པར་ཤེས་པའི་བཟོད་པ

Acceptance of the implications of the source of suffering

8

Samudaye 'nvaya-jñānam

ཀུན་འབྱུང་ལ་ རྗེས་སུ་རྟོགས་པའི་ ཤེས་པ

Knowledge of the implications of the source of suffering

9

Nirodhe dharma-jñāna-kṣāntiḥ

འགོག་པ་ལ་ཆོས་ཤེས་པའི་བཟོད་པ

Acceptance of the truth of cessation

10

Nirodhe dharma-jñānam

འགོག་པ་ལ་ཆོས་ཤེས་པ

Knowledge of the truth of cessation

11

Nirodhe 'nvaya-jñāna-kṣāntiḥ

འགོག་པ་ལ་རྗེས་སུ་རྟོགས་པར་ཤེས་ པའི་བཟོད་པ

Acceptance of the implications of cessation

12

Nirodhe 'nvaya-jñānam

འགོག་པ་ལ་རྗེས་སུ་རྟོགས་པའི་ཤེས་པ

Knowledge of the implications of cessation

13

Mārge dharma-jñāna-kṣāntiḥ

ལམ་ལ་ཆོས་ཤེས་པའི་བཟོད་པ

Acceptance of the truth of the path

14

Mārge dharma-jñānam

ལམ་ལ་ཆོས་ཤེས་པ

Knowledge of the truth of the path

15
Mārge 'nvaya-jñāna-kṣāntiḥ
ལམ་ལ་རྗེས་སུ་རྟོགས་པར་ཤེས་པའི་བཟོད་པ
Acceptance of the implications of the path
16
Mārge 'nvaya-jñānam
ལམ་ལ་རྗེས་སུ་རྟོགས་པའི་ཤེས་པ
Knowledge of the implications of the path

Four Types of Nourishment
།ཟས་བཞི་ནི།

1
Kapatikāhāraḥ
ཁམས་ཀྱི་ཟས
Material nourishment
2
Sparśāhāraḥ
རེག་པའི་ཟས
Food for the senses
3
Manaḥ-saṁcetanāhāraḥ
ཡིད་ལ་སེམས་པའི་ཟས
Food for the mind
4
Vijñānāhāraḥ
རྣམ་པར་ཤེས་པའི་ཟས
Food for the consciousness

Six Elements

།འབྱུང་བ་ཆེན་པོ་དྲུག་ནི།

1

Pṛthivī-dhātuḥ

སའི་ཁམས

Earth element

2

Ab-dhātuḥ

ཆུའི་ཁམས

Water element

3

Tejo-dhātuḥ

མེའི་ཁམས

Fire element

4

Vāyu-dhātuḥ

རླུང་གི་ཁམས

Air element

5

Ākāśa-dhātuḥ

ནམ་མཁའི་ཁམས

Space element

6

Vijñāna-dhātuḥ

རྣམ་ཤེས་ཀྱི་ཁམས

Consciousness element

Five Aggregates

།ཕུང་པོ་ལྔ་ནི།

1

Rūpa-skandha

གཟུགས་ཀྱི་ཕུང་པོ

Aggregate of form

2

Vedanā-skandha

ཚོར་བའི་ཕུང་པོ

Aggregate of feeling

3

Saṁjñā-skandha

འདུ་ཤེས་ཀྱི་ཕུང་པོ

Aggregate of perception

4

Saṁskāra-skandha

འདུ་བྱེད་ཀྱི་ཕུང་པོ

Aggregate of motivational factors

5

Vijñāna-skandha

རྣམ་པར་ཤེས་པའི་ཕུང་པོ

Aggregate of consciousness

Six Sense Faculties

།དབང་པོ་དྲུག་ནི།

1

Cakṣurindriya

མིག་གི་དབང་པོ

Eye sense-faculty

2

Śrotrendriya

རྣ་བའི་དབང་པོ

Ear sense-faculty

3

Ghrāṇendriya

སྣའི་དབང་པོ

Nose sense-faculty

4

Jihvendriya

ལྕེའི་དབང་པོ

Tongue sense-faculty

5

Kāyendriya

ལུས་ཀྱི་དབང་པོ

Body sense-faculty

6

Manendriya

ཡིད་ཀྱི་དབང་པོ

Mind sense-faculty

Eighteen Elements

། ཁམས་བཅོ་བརྒྱད་ནི །

1

Cakṣurdhātu

མིག་གི་ཁམས

Eye element

2

Rūpadhātu

གཟུགས་ཀྱི་ཁམས

Form element

3

Cakṣurvijñānadhātu

མིག་གི་རྣམ་པར་ཤེས་པའི་ཁམས

Eye consciousness element

4

Śrotradhātu

རྣ་བའི་ཁམས

Ear element

5

Śabdadhātu

སྒྲའི་ཁམས

Sound element

6

Śrotravijñānadhātu

རྣ་བའི་རྣམ་པར་ཤེས་པའི་ཁམས

Ear consciousness element

7
Ghrāṇadhātu
སྣའི་ཁམས
Nose element

8
Gandhadhātu
དྲིའི་ཁམས
Smells element

9
Ghrāṇavijñānadhātu
སྣའི་རྣམ་པར་ཤེས་པའི་ཁམས
Nose consciousness element

10
Jihvādhātu
ལྕེའི་ཁམས
Tongue element

11
Rasadhātu
རོའི་ཁམས
Tastes element

12
Jihvāvijñānadhātu
ལྕེའི་རྣམ་པར་ཤེས་པའི་ཁམས
Tongue consciousness element

13
Kāyadhātu
ལུས་ཀྱི་ཁམས
Body element

14

Sprasṭavyadhātu

རེག་བྱའི་ཁམས

Touchables element

15

Kāyavijñānadhātu

ལུས་ཀྱི་རྣམ་པར་ཤེས་པའི་ཁམས

Body consciousness element

16

Manodhātu

ཡིད་ཀྱི་ཁམས

Mind element

17

Dharmadhātu

ཆོས་ཀྱི་ཁམས

Dharmas element

18

Manovijñānadhātu

ཡིད་ཀྱི་རྣམ་པར་ཤེས་པའི་ཁམས

Mind consciousness element

Twelve Sense-fields

།སྐྱེ་མཆེད་བཅུ་གཉིས་ནི།

1
Cakṣurāyatanam
མིག་གི་སྐྱེ་མཆེད
Sense-field of the eye

2
Rūpāyatanam
གཟུགས་ཀྱི་སྐྱེ་མཆེད
Sense-field of form

3
Śrotrāyatanam
རྣ་བའི་སྐྱེ་མཆེད
Sense-field of the ear

4
Śabdāyatanam
སྒྲའི་སྐྱེ་མཆེད
Sense-field of sound

5
Ghrāṇāyatanam
སྣའི་སྐྱེ་མཆེད
Sense-field of the nose

6
Gandhāyatanam
དྲིའི་སྐྱེ་མཆེད
Sense-field of smells

7
Jihvāyatanam
ལྕེའི་སྐྱེ་མཆེད
Sense-field of the tongue

8
Rasāyatanam
རོའི་སྐྱེ་མཆེད
Sense-field of tastes

9
Kāyāyatanam
ལུས་ཀྱི་སྐྱེ་མཆེད
Sense-field of the body

10
Spraṣṭavyāyatanam
རེག་བྱའི་སྐྱེ་མཆེད
Sense-field of touchables

11
Manāyatanam
ཡིད་ཀྱི་སྐྱེ་མཆེད
Sense-field of mind

12
Dharmāyatanam
ཆོས་ཀྱི་སྐྱེ་མཆེད
Sense-field of mental objects

Fifty-one Mental Events

། སེམས་ལས་བྱུང་བ་ལྔ་བཅུ་ང་གཅིག་ནི། །

1–5
Five omnipresent
ཀུན་འགྲོ་ལྔ

1
Vedanā
ཚོར་བ
Sensation

2
Saṁjñā
འདུ་ཤེས
Discrimination

3
Cetanā
སེམས་པ
Volition

4
Sparśa
རེག་པ
Contact

5
Manaskāra
ཡིད་ལ་བྱེད་པ
Mental demanding

6–10
Five object-determining
ཡུལ་ངེས་ལྔ

6
Chanda
འདུན་པ
Intensity

7
Adhimokṣa
མོས་པ
Intensified interest

8
Smṛti
དྲན་པ
Mindfulness

9
Samādhi
ཏིང་ངེ་འཛིན
Meditation

10
Prajñā
ཤེས་རབ
Wisdom

11–21
Eleven virtuous
དགེ་བ་བཅུ་གཅིག་

11
Śraddhā
དད་པ
Faith

12
Hrī
ངོ་ཚ་ཤེས་པ
Self-respect

13
Apatrāpya
ཁྲེལ་ཡོད་པ
Propriety

14
Alobha
མ་ཆགས་པ
Non-attachment

15
Adveṣa
ཞེ་སྡང་མེད་པ
Non-hatred

16
Amoha
གཏི་མུག་མེད་པ
Non-deludedness

17
Vīrya
བརྩོན་འགྲུས
Effort

18
Prasrabdhi
ཤིན་དུ་སྦྱངས་པ
Flexibility

19
Apramāda
བག་ཡོད་པ
Attentiveness

20
Upekṣā
བཏང་སྙོམས
Equanimity

21
Avihiṁsā
རྣམ་པར་མི་འཚེ་བ
Non-violence

22–27
Six basic emotions
ཙ་ཉོན་དྲུག

22
Rāga
འདོད་ཆགས
Desire

23
Pratigha
ཁོང་ཁྲོ
Anger

24
Māna
ང་རྒྱལ
Pride

25
Avidyā
མ་རིག་པ
Ignorance

26
Vicikitsā
ཐེ་ཚོམ
Doubt

27
Dṛṣṭi
ལྟ་བ
Opinionatedness

28–47
Twenty proximate
ཉེ་ཉོན་ཉི་ཤུ

28
Krodha
ཁྲོ་བ
Vindictiveness

29
Upanāha
ཁོན་དུ་འཛིན་པ
Resentment

30
Mrakṣa
འཆབ་པ
Hypocrisy

31
Pradāśa
འཚིག་པ
Spite

32
Īrṣyā
ཕྲག་དོག
Jealousy

33
Mātsarya
སེར་སྣ
Avarice

34
Māyā
སྒྱུ
Deceit

35
Śāṭhya
གཡོ
Dishonesty

36
Mada
རྒྱགས་པ
Haughtiness

37
Vihiṁsā
རྣམ་པར་འཚེ་བ
Malice

38
Āhrīkya
ངོ་ཚ་མེད་པ
Shamelessness

39
Anapatrāpya
ཁྲེལ་མེད་པ
Lack of propriety

40
Styāna
རྨུགས་པ
Sloth

41
Auddhatya
རྒོད་པ
Restlessness

42
Aśraddhya
མ་དད་པ
Lack of faith

43
Kausīdya
ལེ་ལོ
Laziness

44
Pramāda
བག་མེད་པ
Unconcern

45
Muṣitasmṛtitā
བརྗེད་ངས་པ
Forgetfulness

46
Asaṁprajanya
ཤེས་བཞིན་མ་ཡིན་པ
Non-awareness

47
Vikṣepa
རྣམ་པར་གཡེང་བ
Distraction

48–51
Four variables

གཞན་འགྱུར་བཞི

48

Middha

གཉིད

Sleepiness

49

Kaukṛtya

འགྱོད་པ

Contrition

50

Vitarka

རྟོག་པ

Investigation

51

Vicāra

དཔྱོད་པ

Analysis

Six Types of Cause

།རྒྱུ་དྲུག་ནི།

1

Kāraṇa-hetuḥ

བྱེད་པའི་རྒྱུ

Principal cause

2

Sahabhū-hetuḥ

ལྷན་ཅིག་འབྱུང་བའི་རྒྱུ

Mutual cause

3

Vipāka-hetuḥ

རྣམ་པར་སྨིན་པའི་རྒྱུ

Mature cause

4

Saṁprayukta-hetuḥ

མཚུངས་པར་ལྡན་པའི་རྒྱུ

Simultaneous cause

5

Sarvatra-ga-hetuḥ

ཀུན་དུ་འགྲོ་བའི་རྒྱུ

Cause which effects everything

6

Saṁbhāga-hetuḥ

སྐལ་པ་མཉམ་པའི་རྒྱུ

Associated cause

Four Types of Condition

། རྐྱེན་བཞི་ནི །

1

Hetu-pratyayaḥ

རྒྱུའི་རྐྱེན

Causal condition

2

Adhipati-pratyayaḥ

བདག་པོའི་རྐྱེན

Ruling condition

3

Ālambana-pratyayaḥ

དམིགས་པའི་རྐྱེན

Supporting condition

4

Samanantara-pratyayaḥ

དེ་མ་ཐག་པའི་རྐྱེན

Immediately preceding condition

Five Effects

།འབྲས་བུ་ལྔ་ནི།

1

Niṣyanda-phalam

རྒྱུ་མཐུན་པའི་འབྲས་བུ

Causally concordant effect

2

Adhipati-phalam

བདག་པོའི་འབྲས་བུ

Ruling effect

3

Puruṣa-kāra-phalam

སྐྱེས་བུ་བྱེད་པའི་འབྲས་བུ་སྐབས་གཞན་དུ་སྐྱེས་བུའི་མཐུན་ཡང་གདགས

Effect which continues to be magnified

4

Vipāka-phalam

རྣམ་པར་སྨིན་པའི་འབྲས་བུ

Effect that has matured

5

Visaṁyoga-phalam

བྲལ་བའི་འབྲས་བུ

Disconnected effect

Four Types of Revelation

།ལུང་བསྟན་པ་བཞི་ནི།

1

Ekāṁśa-vyākaraṇam

མགོ་གཅིག་ཏུ་ལུང་བསྟན་པ

A revelation of absolute affirmation

2

Vibhajya-vyākaraṇam

རྣམ་པར་ཕྱེ་སྟེ་ལུང་བསྟན་པ

A detailed revelation

3

Paripṛcchā-vyākaraṇam

དྲིས་ནས་ལུང་བསྟན་པ

A revelation through questioning

4

Sthāpanīya-vyākaraṇam

བཞག་པར་ལུང་བསྟན་པ

A revelation to be put off

Ten Advantages Inherent to the Teachings

།ཕན་ཡོན་བཅུ་ནི།

1

Saṁgha saṁgrahāya

དགེ་འདུན་བསྡུ་བའི་ཕྱིར

For unifying the congregation

2

Saṁgha suṣṭhutāyai

དགེ་འདུན་ལེགས་པར་བྱ་བའི་ཕྱིར

For the welfare of the congregation

3

Saṁghasya sparśavihārāya

དགེ་འདུན་བདེ་བར་གནས་པར་བྱ་བའི་ཕྱིར

For the happiness of the congregation

4

Dūrmaṅgāna-pudgala-nigrahāya

གནོང་མི་བཀུར་བའི་གང་ཟག་རྣམས་ཚར་བཅད་པའི་ཕྱིར

For correcting those who have gone wrong

5

Lajjināṁ sparśa-vihārāya

ངོ་ཚ་ཤེས་པ་རྣམས་བདེ་བར་གནས་པར་བྱ་བའི་ཕྱིར

For delighting the prudent

6

Anabhiprasannānāṁ abhiprasādāya

མངོན་པར་མ་དད་པ་རྣམས་མངོན་པར་དད་པར་བྱ་བའི་ཕྱིར

For arousing faith in those without it

7

Abhiprasannānāṁ bhūyobhāvāya

མངོན་པར་དད་པ་རྣམས་ཕྱིར་ཞིང་འཕེལ་བར་བྱ་བའི་ཕྱིར

For increasing faith

8

Dṛṣṭa-dharmikāṇāṁ āśravāṇāṁ saṁvarāya

མཐོང་བའི་ཆོས་ཀྱི་ཟག་པ་རྣམས་བསྡམ་པའི་ཕྱིར

For controlling the wrong things one sees

9

Sāṁparāyikānāṁ setu samudraghātāya

ཚེ་རབས་ཕྱི་མའི་རྣམས་ཆུ་ལོན་གྱིས་བཟློག་པའི་ཕྱིར

For damming up the stream of future rebirths

10

Brahma-caryañca me cirasthitikaṁ bhaviṣyati

ངའི་ཚངས་པར་སྤྱོད་པ་ཡུན་རིང་དུ་ གནས་པར་འགྱུར

For perpetuating good and chaste actions

Six First Disciples

།དྲུག་སྡེ་ནི།

1

Nanda

དགའ་བོ

2

Upananda

ཉེ་དགའ

3

Punarvasu

ནབས་སོ

4

Chanda

འདུན་པ

5

Aśvaka

འགྲོ་མགྱོགས

6

Udāyī

འཆར་ཀ

Eight Foremost Bodhisattvas

།བྱང་ཆུབ་སེམས་དཔའ་བརྒྱད་ནི།

1

Mañjuśrī

འཇམ་དཔལ

2

Vajrapāṇi

ཕྱག་ན་རྡོ་རྗེ

3

Avalokiteśvara

སྤྱན་རས་གཟིགས་དབང་ཕྱུག

4

Kṣitigarbha

སའི་སྙིང་པོ

5

Nīvaraṇaviṣkambhin

སྒྲིབ་པ་རྣམ་པར་སེལ་བ

6

Ākāśagarbha

ནམ་མཁའི་སྙིང་པོ

7

Maitreya

བྱམས་པ

8

Samantabhadra

ཀུན་ཏུ་བཟང་པོ

Thirty-two Marks of a Great Being

། སྐྱེས་བུ་ཆེན་པོ འི་མཚན་སུམ་བཅུ་རྩ་གཉིས་ནི །

1

Uṣṇīṣa-śiraskatā

དབུ་གཙུག་ཏོར་དང་ལྡན་པ

A protuberance on the crown of the head

2

Pradakṣiṇāvarta keśa

དབུ་སྐྲ་གཡས་སུ་འཁྱིལ་བ

Hair curling to the right

3

Samalalāṭa

དཔྲལ་བའི་དབྱིས་ མཉམ་པ

Broad forehead

4

Ūrṇā-koṣa

མཛོད་སྤུ

Circle of hair between the eyebrows

5

Abhinīlanetra-gopakṣmā

སྤྱན་མཐོན་མཐིང་ལ་བའི་རྫི་མ་ལྟ་བུ

Blue-black eyes and lashes like those of cows

6

Catvāriṁśaddanta

ཚེམས་བཞི་བཅུ་མངའ་བ

Forty teeth

7

Samadanta

ཚེམས་མཉམ་པ

Uniform teeth

8
Aviraladanta
ཚེམས་ཐགས་བཟང་བ
Well-arranged teeth

9
Suśukladanta
ཚེམས་ཤིན་ཏུ་དཀར་བ
Very white teeth

10
Rasarasāgratā
རོ་བྲོ་བའི་མཆོག་དང་ལྡན་པ
Having the finest sense of taste

11
Siṁhahanu
འགྲམ་པ་སེ་ངྒེའི་འདྲ་བ
Jaw like that of a lion

12
Prabhūtatanujihva
ལྗགས་ཤིན་ཏུ་རིང་ཞིང་སྲབ་པ
A long and very fine tongue

13
Brahmasvara
ཚངས་པའི་དབྱངས
A melodious voice

14
Susaṁvṛta-skandha
དཔུང་འགོ་ཤིན་ཏུ་ཟླུམ་པ
Shoulders broad

15

Saptotsada

བདུན་མཐོ་བ

Seven protuberances

16

Citāntarāṁsa

ཐལ་གོང་རྒྱས་པ

Strong chested

17

Sūkṣma-suvarṇacchavi

པགས་པ་སྲབ་ཅིང་མདོག་གསེར་འདྲ་བ

With delicate and golden skin

18

Sthitānavanatapralambabāhutā

བཞེངས་བཞིན་དུ་མ་བཏུད་པར་ཕྱག་ཕུས་མོར་སླེབས་པ

Standing straight his hands reach to the knees

19

Siṁha-pūrvārdhakāya

རོ་སྟོད་སེངྒེའི་འདྲ་བ

Torso like that of a lion

20

Nyagrodhaparimaṇḍala

ཤིང་ནྱ་གྲོ་དྷ་ལྟར་ཆུ་ཞེང་གབ་པ

Body proportioned like the nyagrodha tree

21

Ekaikaroma-pradakṣiṇā-varta

སྤུ་རེ་རེ་ནས་སྐྱེས་ཤིང་གཡས་སུ་འཁྱིལ་བ

Each hair turns to the right

22

Ūrdhāṅga-roma

སྐུའི་སྤུ་གྱེན་དུ་ཕྱོགས་པ

The hair of the body turns upwards

23

Kośagatavastiguhya

མདོམས་ཀྱི་སྦ་བ་སྦུབས་སུ་ནུབ་པ

Private parts hidden in a sheath

24

Suvarttitoru

བརླ་ལེགས་པར་ཟླུམ་པ

Well-rounded thighs

25

Ucchaṇkhapāda

ཞབས་ཀྱི་ལོང་མོའི་ཚིགས་མི་མངོན་པ

Inconspicuous ankle-joints

26

Mṛdutaruṇahastapādatala

ཕྱག་དང་ཞབས་ཀྱི་མཐིལ་འཇམ་ཞིང་ གཞོན་ཤ་ཆགས་པ

The palms of the hands and the soles of the feet are soft and smooth

27

Jālāvanaddha-hasta-pāda

ཕྱག་དང་ཞབས་ གཉིས་དྲ་བས་འབྲེལ་བ

Toes and fingers each joined by a membrane

28

Dīrghāṇguli

ཕྱག་སོར་རིང་མོ

His fingers are long

29
Cakrāṅkitahastapādatala
ཕྱག་དང་ཞབས་ཀྱི་མཐིལ་འཁོར་ལོའི་མཚན་དང་ལྡན་པ
The palms of his hands and the soles of his feet are marked with a wheel

30
Supratiṣṭhitapāda
ཞབས་ཤིན་ཏུ་གནས་པ
His feet are well-placed

31
Āyatapādapārṣṇi
ཞབས་ཀྱི་རྟིང་པ་ཡངས་པ
His heels are broad

32
Eṇeyajaṅgha
བྱིན་པརི་དྭགས་ཨེ་ཎ་ཡ་ལྟ་བུ
Legs like those of the antelope eneya

Five Types of Pristine Awareness

། ཡེ་ཤེས་ལྔ་ནི །

1
Dharmadhātu-jñāna
ཆོས་ཀྱི་དབྱིངས་ཀྱི་ཡེ་ཤེས
Awareness of the expanse of the Dharma

2
Ādarśa-jñāna
མེ་ལོང་ལྟ་བུའི་ཡེ་ཤེས
Mirror-like awareness

3

Samatā-jñāna

མཉམ་པ་ཉིད་ཀྱི་ཡེ་ཤེས

Awareness of sameness

4

Pratyavekṣaṇā-jñāna

སོ་སོར་རྟོག་པའི་ཡེ་ཤེས

All-encompassing investigative awareness

5

Kṛtyānuṣṭhāna-jñāna

བྱ་བ་གྲུབ་པའི་ཡེ་ཤེས

All-accomplishing awareness

Five Buddha Families

།རིགས་ལྔ་ནི།

1

Vairocana

Buddha

རྣམ་པར་སྣང་མཛད

སངས་རྒྱས

Light-maker

Buddha family

2

Ratnasambhava

Ratna

རིན་ཆེན་འབྱུང་གནས

རིན་ཆེན

Source-of-jewels

Jewel family

3

Amitābha

Padma

འོད་དཔག་མེད

པདྨ

Immeasurable-light

Lotus family

4

Amoghasiddhi

Karma

དོན་ཡོད་གྲུབ་པ

ལས

Unfailing-success

Action family

5

Vajrasattva

Vajra

རྡོ་རྗེ་སེམས་དཔའ

རྡོ་རྗེ

Adamantine-being

Vajra family

Six Heterodox Teachers

། མུ་སྟེགས་ཅན་གྱི་སྟོན་པ་དྲུག་ནི།

1

Pūrṇa-kāśyapa

འོད་སྲུངས་རྫོགས་བྱེད

2

Maskarī-gośālāputra

ཀུན་དུ་རྒྱུ་གནག་ལྷས་ཀྱི་བུ

3

Saṁjayī-vairaṭṭīputra

སྨྲ་འདོད་ཀྱི་བུ་མོ་འི་བུ་ཡང་དག་རྒྱལ་བ་ཅན

4

Ajita-keśakambala

མི་ཕམ་སྐྲའི་ལ་བ་ཅན

5

Kakudakātyāyana

ཀ་ཏྭའི་བུ་ནོག་ཅན

6

Nirgrantho-jñātiputra

གཅེར་བུ་པ་གཉེན་གྱི་བུ

Eight Auspicious Symbols

། བཀྲ་ཤིས་རྟགས་བརྒྱད་ནི།

1

Chattra

གདུགས

Parasol

2
Suvarṇamatsa
གསེར་ཉ
Golden fish

3
Kumbha
བུམ་པ
Vessel

4
Padma
པདྨ
Lotus

5
Śaṅkha
དུང
Conch

6
Śrīvatsa
དཔལ་གྱི་བེའུ
Symbolic knot

7
Dhvaja
རྒྱལ་མཚན
Victory banner

8
Cakra
འཁོར་ལོ
Wheel

Seven Treasures of the Universal Monarch

།རིན་པོ་ཆེ་སྣ་བདུན་ནི།

1

Cakra-ratnam

འཁོར་ལོ་རིན་པོ་ཆེ

Jewel of wheels

2

Hasti-ratnam

གླང་པོ་རིན་པོ་ཆེ

Jewel of elephants

3

Aśva-ratnam

རྟ་མཆོག་རིན་པོ་ཆེ

Jewel of horses

4

Maṇi-ratnam

ནོར་བུ་རིན་པོ་ཆེ

Jewel of jewels

5

Strī-ratnam

བུད་མེད་རིན་པོ་ཆེ

Jewel of queens

6

Gṛhapati-ratnam

ཁྱིམ་བདག་རིན་པོ་ཆེ

Jewel of stewards

7

Pariṇāyaka-ratnam

བློན་པོ་རིན་པོ་ཆེ

Jewel of ministers-of-state

Word List

Tibetan-English Word List

We hope this small lexicon will be helpful to the beginning student of classical Tibetan who may, at first, find a Tibetan dictionary difficult to work with. We have made this word list as simple to use as possible, giving only the skeleton of information needed to serve as a link to the dictionary. Although this word list contains most of the terms found in the Dhammapada, it does not indicate all of the ways a word is used in the text. In Tibetan there are no clear distinctions made between adjective, noun, and even verb– the meaning will depend upon sentence structure and context. We have therefore not specified parts of speech, or verb tenses, although we have, for the most part, used the infinitive to indicate words that primarily appear as verbs.

There are several reference works which the student will find indispensible in the study of Tibetan:

Das, Sarat Chandra. *Tibetan English Dictionary.* Kyoto: Rinsen Book Company, 1979.

Jäschke, H. A. *A Tibetan English Dictionary.* New Delhi: Motilal Banarsidass, 1975.

Kharto, Dorje Wangchuk. *Thumi: dGongs gTer* (The Complete Tibetan Verb Forms). Delhi: C. T. Kharto.

ཀ

ཀུ་བ	gourd
ཀུན	all
ཀུན་ཁྱབ་པ	all-pervading
ཀུན་དགའ་བོ	Ānanda
ཀུན་དགའ་ར་བ	grove
ཀུན་ཏུ	always; everywhere
ཀུན་ཏུ་རྒྱུ་བ	wanderer
ཀུན་ཏུ་སྦྱོར་བ	fetters; attachments
ཀུན་རྟོག	fiction, misconception
ཀུན་སྤྱོད	customary action
ཀུན་འབྱུང་	source; misery
ཀུན་གཞི	ground of everything
ཀོ	very, entirely
ཀྱཻ	[exclamation for gaining attention]
ཀྱང་	although; also
ཀྱང་རུང་	whatever
ཀྱེ་མ	[exclamation of regret]
ཀླན་ཀ	censure, blame
ཀླུ	nāga
ཀླུང་	river
དཀའ་ཐུབ	an ascetic
དཀའ་བ	difficult
དཀར་པོ	white
དཀྱིལ	middle
དཀྲིས་པ	to wind; to envelop
བཀུར་བསྟི	respect
བཀྱལ་བ	to speak nonsense
བཀྲི་བ	to conduct; to try; to search for
བཀྲིགས་པ	cover
བཀྲིས་པ	conducted
བཀྲུ་བ	to wash
བཀྲུགས་པ	agitated
བཀྲེས་པ	hunger
བཀྲོལ་བ	to untie, to release
རྐང་པ	foot
སྐད	language
སྐད་ཅིག	an instant
སྐར་རྒྱལ	constellation
སྐར་མ	star
སྐུ	body
སྐེད	waist
སྐོམ	thirst
སྐྱ	gray
སྐྱ་བོ	pale yellow

སྐྱབས	refuge
སྐྱབས་སུ་འགྲོ་བ	to take refuge
སྐྱེ་དགུ	beings
སྐྱེ་བ	to be born
སྐྱེ་བོ	living being
སྐྱེད་པ	to generate
སྐྱེས་པ	to be born ; man
སྐྱེས་བུ	a person
སྐྱེས་པོ	man
སྐྱོ་བ	repentance, grief
སྐྱོ་མེད	heaven-realm
སྐྱོང་བ	to guard
སྐྱོན	fault
སྐྱོན་མེད	faultless
སྐྱོབས	refuge
སྐྲག་པ	to be frightened
བསྐུང་བ	to conceal
བསྐུལ་བ	to arouse, to exhort
བསྐོར་བ	circle; to surround
བསྐྱུར་བ	to leave behind
བསྐྲད་པ	to expel

ཁ

ཁ	mouth
ཁ་ཅིག	some
ཁ་དོག	color
ཁ་དྲག་པོ	haughty; loquacious
ཁ་ན་མ་ཐོ་བ	faults
ཁ་བ་ཅན	Land of Snow
ཁ་རོག	silence
ཁ་ལོ་བསྒྱུར་བ	charioteer
ཁ་ལོ་པ	leader
ཁ་བཤག	talkative
ཁད་ཀྱིས	gradually
ཁབ	needle
ཁམ་གང	morsel of food
ཁུར	burden
ཁེངས་པ	arrogance
ཁོ་ན	only, the very
ཁོ་བོ	oneself
ཁོང་དུ་ཆུད་པ	to understand
ཁོངས་སུ	in the midst
ཁྱད་དུ	especially
ཁྱབ་པ	extensive
ཁྱིམ	residence

ཁྱུ	herd
ཁྱེད	you [hon.]
ཁྱོད	you
ཁྲ་བོ	multi-colored
ཁྲག	blood
ཁྲབ	mail, armor
ཁྲིམས	law, order
ཁྲུས	washing, ablution
ཁྲོ་བ	anger
ཁྲོད	multitude
མཁན	knower
མཁའ	sky
མཁས་པ	wise, skillful
མཁྱེན་པ	to know; knowledge
འཁར་བ	gong
འཁོན་འཛིན	malice, quarrel
འཁོར	attendants, retinue
འཁོར་བ	world; to wander
འཁོར་ཡུག་ཏུ	everywhere
འཁོར་ལོ	wheel
འཁྱམས་པ	to wander
འཁྱལ་པ	irrelevant
འཁྱུག་པ	to run, to move
འཁྱུད་པ	to embrace
འཁྱེར་བ	to carry
འཁྲི་བ	to be wound; to embrace
འཁྲི་ཤིང་	ivy
འཁྲིད་པ	to lead, to guide
འཁྲུགས་པ	to be disturbed
འཁྲུངས་པ	to be born [hon.]
འཁྲུལ	mistake, illusion

ག།

ག་ལ	whither
གང་	who, what
གང་ཞིག	whoever, whatever
གང་ཟག	person, individual
གང་རུང་	whatsoever
གངས	snow
གངས་ཅན	land of snow
གམ་དུ	near
གར	whither, where
གར་ཡང་	anywhere
གལ་ཏེ	if
གུས་པ	respect, humility
གེགས་པ	hindrance

གོ་འཕང་	rank, position
གོ་རིམ	order, arrangement
གོང་	above
གོམས་པ	to cultivate; to be accustomed
གོས	garment
གྱུར་པ	to be; to change; to become
གྱེན་དུ	upwards
གྱོན་པ	to dress, to wear
གྲགས་པ	glory, fame
གྲངས	number
གྲལ	rank
གྲིབ་མ	shadow
གྲུ	boat
གྲུ་ཆར	rainy season
གྲོགས་པོ	friend
གྲོང་ཁྱེར	city
གྲོལ་བ	to go free ; deliverance
གླང་	bull
གླང་པོ་ཆེ	elephant
གླིང་	island
གློག	lightning
གློན་པ	to answer
དགག་པ	to hinder; obstruction
དགའ་བ	pleasure
དགའ་བོ	Nanda
དགུན	winter
དགེ་བསྙེན	lay devotee
དགེ་འདུན	sangha
དགེ་བ	virtue
དགེ་སྦྱོང་	śramaṇa
དགེ་སློང་	bhikṣu, monk
དགོང་ཐུན	watches of the night
དགོང་མོ	evening
དགོངས་པ	to think, intend
དགོན་པ	monastery; wilderness
དགོས་པ	to be necessary
དགྱེས་པ	to rejoice
དགྲ་བཅོམ་པ	Arhat
དགྲ་བོ	enemy
བགོད	laughter; share
བགྲང་བ	to be numbered
བགྲོད་པ	to wander, to travel, to cross
མགར་བ	smith
མགུ	to rejoice; to be content
མགོ	head
མགོ་ཟླུམ	shaven head

མགོན་པོ	protector
མགྲོན་པོ	guest
འགུམ་པ	to die
འགོག་པ	to hinder; cessation
འགྱུར་བ	to be; to change; to become
འགྱོད་པ	to repent
འགྲས་པ	disagreement
འགྲོ་བ	to go; beings
འགྲོགས་པ	to keep company with
རྒ་བ	old age
རྒན་པོ	elder
རྒན་རབས	elder
རྒས་པ	old, infirm; an old man
རྒྱ	stamp; net; extent
རྒྱ་གར	India
རྒྱ་ཆེན	extensive
རྒྱ་ནག	China
རྒྱ་སྤོས	Chinese incense; tagara
རྒྱ་མཚོ	ocean
རྒྱགས་པ	pride; provisions
རྒྱང	distance
རྒྱང་རིང་པོ	far, remote
རྒྱན	ornament
རྒྱན་པོ	gambler
རྒྱབ	behind
རྒྱལ་པོ	king
རྒྱལ་བ	to conquer
རྒྱལ་བྱེད་ཚལ	Jetavana
རྒྱལ་སྲིད	kingdom, empire
རྒྱས་པ	to increase
རྒྱུ	to wander; cause
རྒྱུགས་པ	to make haste
རྒྱུན་དུ	continuously
རྒྱུན་དུ་ཞུགས་པ	Stream Enterer
རྒྱུས་པ	sinews, tendons
སྒུག་པ	to wait
སྒྲིབ་པ	defilement
སྒྲུབ་པ	to accomplish
སྒྲོག	chain
སྒྲོགས་པ	to proclaim
སྒྲོན་མ	lamp
སྒྲོན་མེ	votive lamp
བརྒལ་བ	controversy; to cross
བརྒྱ	hundred
བརྒྱ་བྱིན	Indra
བརྒྱད	eight

བརྒྱན་པ	to decorate
བསྒོམ་པ	to meditate

ང

ང་	I
ང་རྒྱལ	pride
ངག	speech
ངང་	goose; the very nature
ངང་གིས	naturally
ངང་ཚུལ	natural disposition
ངན	bad
ངན་འགྲོ	bad states of being
ངན་སོང་	bad states of being
ངལ་བ	to be weary
ངལ་བསོ	rest, recovery
ངུ་བ	to cry
ངུར་སྨྲིག	saffron
ངེས་པ	certain
ངེས་པའི་ཚིག	knowledge of languages
ངེས་འབྱེད	insight
ངོ་ཚ	shame
དངུལ	silver
དངོས་གྲུབ	accomplishment, siddhi
དངོས	real, genuine
མངལ	womb
མངོན	manifest; true
མངོན་པར་ཤེས་པ	true knowledge
རྔམས་པ	covetous
ལྔ	five
སྔགས	mantra
སྔངས་པ	to be terrified
སྔོན་ཆད	formerly, before
སྔོན་ལ	before, previously
བསྔགས་པ	praise

ཅ

ཅག	[plural particle]
ཅང་ཤེས	well-informed
ཅན	endowed with
ཅི	which, what
ཅི་ཡང་མེད་པ	nothing whatever
ཅིལ་ཡང་	whatever, anything
ཅུང་ཟད	small amount
གཅིག	one
གཅིག་པུ	alone
གཅེར་བུ	naked

གཅེས་པ	dear, beloved
གཅོད་པ	to cut
བཅག་པ	to break
བཅད་པ	to cut; to decide
བཅས་པ	together with
བཅུ	ten
བཅོམ་ལྡན་འདས	Bhagavat
བཅོམ་པ	to conquer
ལྕག	whip
ལྕགས	iron
ལྕགས་ཀྱུ	iron hook
ལྕི་བ	weighty
ལྕེ	tongue

ཆ

ཆ	part
ཆག་པ	broken
ཆགས་པ	to desire
ཆད་པ	to punish; to promise; to cut off
ཆར་པ	rain
ཆར་བབས	rainfall
ཆུ	water
ཆུ་ཀླུང་	river
ཆུ་སྐྱར	waterfowl
ཆུ་བོ	river
ཆུ་སྲིན	crocodile
ཆུང་	small
ཆུང་མ	wife
ཆུད་པ	to enter; to insert
ཆེ	great
ཆེན་པོ	great
ཆེས་ཆེར	very much
ཆོ་ག	ritual
ཆོག་ཤེས	contentment; knowledge of ritual
ཆོད	cut [imp.]
ཆོམ	conquer [imp.]
ཆོས	Dharma
མཆི་མ	tears
མཆིས་པ	to be
མཆོག	excellent
མཆོད་རྟེན	stūpa, chorten
མཆོད་པ	to worship, to honor
མཆོད་སྦྱིན	offering
འཆལ་བ	irresolute; immoral
འཆི་བདག	Lord of Death
འཆི་འཕོ་བ	death

འཆི་བ	death
འཆིང་བ	to bind; bonds

ཇ

ཇི་ལྟར	as; how
ཇི་ཙམ	as many
ཇི་སྲིད	for so long as
འཇལ་བ	to weigh
འཇིག་རྟེན	world
འཇིག་པ	to destroy
འཇིགས་པ	to be afraid
འཇུག་པ	to enter
འཇུངས་པ	avarice
འཇོག་པ	to place
འཇོམས་པ	to conquer
རྗེས	imprint; that which follows
རྗེས་སུ་འབྲང་བ	to follow
རྗེས་སུ་ཡིས་རངས་པ	to rejoice in
ལྗོན་ཤིང་	tree of paradise
བརྗོད་པ	speech, expression

ཉ

ཉ	fish
ཉན་ཐོས	Hearer of the Teachings; Śrāvaka
ཉམས	thought
ཉམས་ང་	dread
ཉམས་པ	to decline, to fail
ཉལ་བ	to sleep
ཉི་མ	the sun
ཉིད	itself, oneself, the very
ཉིན	day
ཉུང་ངུ་	little
ཉུང་བ	small, few
ཉེ་བ	near
ཉེ་བར་ཞི་བ	tranquility
ཉེ་བར་ལེན་པ	to cling to
ཉེས་པ	bad, offensive
ཉོན་མོངས	emotionality
གཉིད་ལོག་པ	to fall asleep
གཉིས	two
གཉིས་ཀ	both
གཉེན	kinsman
མཉན་པ	to listen
མཉན་ཡོད	Śrāvastī
མཉམ་པ	equal, level
མཉམ་བཞག་པ	meditative absorption
རྙི	snare

རྙིང་	old, ancient
རྙེད་པ	to obtain
རྙོག་པ	turbid
སྙན	sweet sounding
སྙིང་གྲོགས	dear friend
སྙིང་པོ	heart
སྙོམས་པར་ཞུགས་པ	meditative absorption
བརྙས་པ	to despise, to condemn
བརྙེད་པ	to find, to obtain
བརྙེས་པ	obtained
བསྙེན་བཀུར	reverence, respect

ཏ

ཏིང་ངེ་འཛིན	samādhi
གཏམ	communication, conversation
གཏིང་	depth, bottom
གཏེར	treasure
གཏོག་པ	to grab, to gather
གཏོང་བ	to send, to bestow
གཏོར་བ	to toss
བཏང་བ	to send, to bestow
བཏུ་བ	to gather, to pluck
བཏུང་བ	to drink
རྟ	horse
རྟག་ཏུ	always
རྟག་པ	eternal
རྟོག་པ	to consider
རྟོགས་པ	to realize
ལྟ་བ	to look at
ལྟ་བུ	like
ལྟར	like
ལྟུང་བ	to cause to fall
ལྟོས་ཤིག	look [imp.]
སྟག	tiger
སྟེང་	surface
སྟེང་དུ	upon
སྟོང་	thousand
སྟོང་ཉིད	śūnyatā
སྟོང་པ	empty
སྟོན་ཀ	autumn
སྟོན་པ	teacher; to show
སྟོབས	strength
བརྟག་པ	to watch; to examine
བརྟན་པ	steadfast
བརྟུལ་བ	to conquer, to temper
བརྟུལ་ཞུགས	spiritual practice

བརྟེན་པ	to rely on
བརྫོལ་ང	leaky
བལྟ་བ	view, sight
བསྟན་པ	doctrine; to demonstrate
བསྟི་གནས	source; monastic residence
བསྟེན་པ	to depend on; to serve
བསྟོད་པ	to praise

ཐ

ཐ་བ	rigid
ཐ་ཤལ	vulgar
ཐག་པ	rope
ཐང་	plains
ཐབས	means
ཐམས་ཅད	all
ཐར་པ	freedom
ཐལ་བ	ashes
ཐིག་པ	droplet
ཐུ་བ	to pluck; malicious
ཐུ་བོ	chief; elder brother; quarrel; foe
ཐུག་པ	soup
ཐུང་ངུ	short
ཐུགས	heart, mind
ཐུབ་ཆོད	rash, overbearing
ཐུབ་པ	to be able; Muni
ཐུལ་བ	to be subdued, trained
ཐེ་ཚོམ	doubt
ཐོ་ཅོ་ཅན	senseless talker
ཐོ་ལུམ	iron ball
ཐོག	top, roof
ཐོག་མར	at first, from the beginning, foremost
ཐོགས་པ	to brandish
ཐོབ་པ	to obtain
ཐོས་པ	to hear
མཐའ	end, extreme
མཐའ་མ	outermost edge, border
མཐའ་མེད	endless
མཐར་ཐུག	to the very limits
མཐུན་པ	to agree, to harmonize
མཐོ་དམན	height
མཐོ་རིས	heaven realms
མཐོང་བ	to see
འཐབ་པ	to battle
འཐུང་བ	to drink
འཐོབ་པ	to obtain
འཐོར་བ	to strew

ད

ད་ལྟ	now
དག	[plural particle]
དག་པ	pure
དང་	and; from
དང་པོ	first
དད་པ	faith
དམ་པ	holy
དེང་སང་	nowadays
དུ་མ	many
དུག	poison
དུམ་བུ	a piece
དུལ་བ	to be subdued, trained
དུས	time
དེ	that
དེ་ཉིད	that itself
དེ་ལྟར	like that
དེ་དག	those
དེ་འདྲ་བ	similarly
དེ་ནས	then
དེ་མ་ཐག	immediately
དེ་བཞིན་དུ	accordingly
དེ་བཞིན་གཤེགས་པ	Tathāgata
དེ་རིང་	today
དེ་ལ	concerning that
དེ་སྲིད	thus far, just as much as
དེའི་ཕྱིར	because of that
དོང་ཙེ	coin
དོན	meaning; purpose; benefit
དྭངས་པ	clear
དྲག་པོ	fierce
དྲང་པོ	straight; frank
དྲང་སྲོང་	rishi
དྲངས་པ	drawn forth
དྲན་པ	mindfulness
དྲལ་བ	to rend assunder
དྲི	smell
དྲི་ང་	bad odor
དྲི་མ	defilements, impurities
དྲི་ཞིམ	aromatic
དྲི་ཟ	gandharva
དྲུག	six
དྲུང་	near
དྲུངས་ཕྱུང་བ	to uproot
དྲེགས་པ	arrogance

དྲེའུ	mule
དྲྭ་བ	net
གདམས་པ	to advise; to counsel
གདུག་པ	poisonous; deleterious
གདུང་བ	to suffer
གདུབ་ཀོར་བུ	jewelry
གདོང་པ	face
བདག	self, ego; master, lord
བདག་ཅག	we
བདག་ཉིད	lord; onself; essence
བདུད	Māra, demon
བདུད་རྩི	ambrosia
བདེ་བ	happiness
བདེ་བར་གཤེགས་པ	Sugata
བདེན་པ	truth
བདོག་པ	to possess
མདངས	complexion; brightness
མདའ་མཁན	archer
མདའ་མོ	arrow; divination
མདུན	in front
མདོག	color
འདག་ཞལ	plaster
འདབ་མ	petals
འདམ	mud, swamp
འདམ་པ	to choose
འདམ་བྱུགས་པ	to plaster
འདམ་རྫབ	swamp; filth
འདའ་བ	to go beyond, to pass
འདར་བ	to shake, to tremble
འདས་པ	passed beyond
འདི	this
འདུ་བྱེད	motivational factor
འདུ་ཤེས	perception
འདུན་པ	to yearn for
འདུལ་བ	to subdue, to train
འདུས་བྱས	compounded things, conditioned existence
འདུས་མ་བྱས	uncompounded, unconditioned
འདེད་པ	to drive, to pursue
འདོད་ཆགས	desire, attachment
འདོད་པ	to desire
འདོན་པ	to draw out
འདོར་བ	to cast forth
འདྲ་བ	like
འདྲེན་པ	to lead, to draw out
འདྲེས	mixture

འདྲོངས་པ	to fashion	ནགས	forest
རྡུལ་ཕྲན	dust, atom	ནགས་ཚལ	grove
རྡོ	stone	ནང་དུ	within, among
རྡོ་རྗེ	vajra; diamond	ནད་པ	sickness, disease
ལྡང་བ	to arise	ནམ་མཁའ	sky
ལྡན	having, possessing	ནམ་ཡང	never
ལྡོག་པ	to go back, to return	ནས	from
སྡང	wrathful, hostile	ནི	[particle giving subtle stress to what precedes]
སྡིག་པ	wrongdoing, sin	ནུབ	west
སྡུག་བསྔལ	misery	ནུབ་པ	to decline
སྡུག་པ	beautiful; afflicted	ནུས་པ	to be able
སྡེ	army	ནོར	wealth; error
སྡོད་པ	to stay	ནོར་བུ	jewel
སྡོད་ས	resting place	གནང་བ	to give [hon.]
སྡོམ	spider	གནའ་བོ	ancient times
སྡོམ་པ	commitment	གནས	place, position
བརྡེག་པ	to beat	གནས་སྐབས	occasion
བསྡམ་པ	to bind; restraint	གནས་བརྟན	elder, sthāvira
བསྡུས་པ	gathered	གནས་པ	to abide, to persevere
		གནོད་པ	to harm

ན

		རྣ་བ	ear
ན	illness; in, on; if	རྣག	pus
ནག་པོ	black	རྣམ་དག	very pure

རྣམ་པ	form
རྣམ་པར་གྲོལ་བ	to be liberated
རྣམ་པར་ཐར་པ	to be liberated
རྣམ་སྨིན་པ	to ripen
རྣམ་ཤེས	consciousness
རྣམས	[plural particle]
རྣལ་འབྱོར་པ	yogin
སྣ	nose
སྣ་ཚོགས	various
སྣང་བ	appearance; illumination
སྣད་པ	to injure
སྣུམ	oil

པ

པགས་པ	skin, hide
པདྨ	lotus
དཔག་ཚད	yojana (measure of distance)
དཔའ་བོ	heroic, hero
དཔེ	example
དཔེར་ན	for example
དཔྱིད	spring
སྤང་སྤོས	an aromatic fast-growing plant
སྤངས་པ	abandoned
སྦུན་པ	husks of winnowed grain
སྤོང་བ	to abandon
སྤོབས་པ	infallibility, confidence
སྤོས	incense
སྤྱད་པ	to do; action
སྤྱན	eye [hon.]
སྤྱི་བརྟོལ་ཅན	shameless one
སྤྱི་བོ	crown of the head
སྤྱོད་པ	to do
སྤྱོད་ཡུལ	sphere of activity
སྤྱོན	come [imp.]
སྤྲིན	cloud
སྤྲེའུ	monkey
སྤྲོ་བ	to delight in
སྤྲོས་པ	dualistic activity

ཕ

ཕ	father
ཕ་རོལ	beyond
ཕ་རོལ་སྐྱེ་བོ	outsider; opposer
ཕ་རོལ་ཏུ་ཕྱིན་པ	Pāramitā
ཕ་རོལ་ཚུ་རོལ	hither and thither
ཕ་རོལ་སོན་པ	gone beyond
ཕག	pig

ཕན་པ	to benefit	ཕྱུགས	cattle
ཕན་ཚུན	mutual	ཕྱུགས་རྫི	herdsman
ཕན་ཡོན	benefit, blessing	ཕྱུང་བ	cast off
ཕམ་པ	to be defeated; defeat	ཕྱོགས	direction
ཕལ་ཆེར	usually; the majority	ཕྲ་མོ	subtle, fine
ཕལ་མོ་ཆེ	host of people	ཕྲག	[numerical particle]
ཕུང་པོ	heap, aggregate	ཕྲག་དོག	jealousy
ཕུན་སུམ་ཚོགས་པ	perfect (having grace, glory, and wealth)	ཕྲན	a trifle
ཕུར་བ	dagger	ཕྲན་ཚེགས	minutiae
ཕོག་པ	struck	ཕྲུག་གུ	suckling
ཕོད་པ	to be able; to withstand	ཕྲེང་བ	rosary, garland
ཕྱག	hand [hon.]	འཕགས་པ	noble, saint
ཕྱག་དར	dust-heap	འཕང་བ	to cast forth
ཕྱག་འཚལ	obeisance	འཕེལ་བ	to increase
ཕྱི་ནས	in the future; from the outside; again	འཕོ་བ	to depart, to migrate
ཕྱི་མ	later	འཕོང་བ	poverty
ཕྱི་རོལ་པ	non-Buddhist, outsider	འཕྱར་བ	to hold aloft
ཕྱི་བཤོལ	to turn; postpone	འཕྲོ་བ	to emanate, to radiate
ཕྱིན་ཆད	hereafter	འཕྲོག་པ	to take advantage; to rob
ཕྱིར	for the sake of; in order to; because		
ཕྱིར་ཕྱུང་བ	cast off; pull out		**བ**
ཕྱིར་ཞིང	in return	བ་ལང	cattle
ཕྱིས་སུ	later	བག་མེད	careless

བག་ཡོད	heedful
བག་ལ་ཉལ	propensity
བབས་པ	fallen
བར	intermediate space
བར་དུ	between
བར་སྣང	space between
བས་མཐའི་གནས་མལ	outlying residence
བུ	son
བུང་བ	bee
བུད་མེད	woman
བུན	a loan
བུམ་པ	vessel
བུལ་བ	slow
བོང་བ	bulk
བོད	Tibet
བོར་བ	to throw, to fling
བྱ	bird
བྱ་རྒོད་ཕུང་པོའི་རི	Vulture Peak
བྱ་བ	to do
བྱང་ཆུབ	enlightenment
བྱམས་པ	total gentleness
བྱས་པ	done
བྱིན་པ	given; gift
བྱིས་པ	child, fool
བྱུག་པ	to rub, to smear
བྱུང་བ	to come forth; arisen
བྱེད་པ	to do
བྱེད་པོ	doer
བྱོལ་བ	to err, to go astray
བྱོས	do [imp.]
བྲག	rock, crag
བྲམ་ཟེ	brahmin
བྲལ་བ	to be separate
བྲིད་པ	to seduce; deceit
བྲེལ་བ	to be connected
བྲོ་བ	to taste
བླ་ན་མེད	unexcelled
བླ་མ	lama
བླང་བ	to take up
བླངས་པ	received, accepted, taken
བླུན་པོ	fool
བློ	mind, intelligence
བློ་གྲོས	wisdom
བློ་དང་ལྡན་པ	intelligent
དབང་དུ་བྱེད་པ	to bring under the power of
དབང་པོ	power; senses

དབུལ་པོ	poor
དབུས	center
དབེན་པ	solitude
དབྱར	summer
དབྱུག་པ	stick, cudgel; punishment
འབག་པ	pollution
འབངས	people, subjects
འབད་པ	effort
འབབ་པ	to fall
འབའ་ཞིག	only
འབར་བ	to blaze
འབིགས་པ	to pierce
འབེབས་པ	to cause to fall
འབྱིན་པ	to remove; to draw forth
འབྱུང་ཁུངས	source
འབྱུང་པོ	creature
འབྱུང་བ	to come forth; source
འབྱོར་བ	wealth, acquisition
འབྱོར་བ	to adhere, to receive, to be ready
འབྲས་བུ	fruit
འབྲུ	grain
འབྲེལ་བ	to become connected
འབྲོས་པ	to escape; to go
ལྦུ་བ	bubble, foam
སྦེད་པ	to hide
སྦོམ	bulky
སྦྱིན་བདག	donor
སྦྱིན་པ	to give; gift
སྦྱིན་སྲེག	burnt offering, sacrifice
སྦྱོར་བ	to join; to apply
སྦྲང་རྩི	honey

མ

མ	mother; [neg. particle]
མ་ཐོགས་པ	without delay
མ་རབས	vulgar
མ་རིག་པ	ignorance
མ་ལུས	many; without exception
མང་པོ	many
མལ	couch; resting place
མི	man; [negative particle]
མིག	eye
མིང	name
མིན	is not, are not
མུ་ཏིག	pearl
མུན་ནག	darkness

མུན་པ	murkiness, darkness
མེ	fire
མེ་ཏོག	flower
མེད་པ	to be without, to lack
མེལ་ཚེ	sentinel
མོས་པ	to admire, to be disposed towards
མྱ་ངན	misery
མྱ་ངན་འདས་པ	nirvana
མྱང་བ	to taste; experience
མྱུར་དུ	quickly
མྱོང་བ	to experience
མྱོས་པ	intoxication
དམག་སྡེ	army
དམན་པ	low, base
དམར་པོ	red
དམིགས་པ	focus, aim; imagination
དམྱལ་བ	hell
རྨ	wound
རྨོངས་པ	obscuration
སྨད་པ	to despise, to revile, to blame
སྨིག་རྒྱུ	mirage
སྨིན་པ	to ripen, to transform
སྨོད་པ	to slander, to reproach
སྨོན་པ	to wish
སྨོན་ལམ	Bodhisattva's aspirations
སྨྱུག་མ	arrow shaft
སྨྱུག་མ་ཤིང	bamboo
སྨྲ་བ	to say
སྨྲས་པ	said

ཙ

ཙན་དན	sandalwood
ཙམ	merely
ཙུབས་པ	to churn
ཙོག་བུ	type of penance
གཙང་མ	clean, pure
གཙུག་ལག་ཁང	temple
གཙོ	principal
གཙོ་བོ	principal one
གཙོག་པ	filthy
བཙའ་བ	to be born, to bring forth
བཙལ་བ	to seek
རྩ་བ	root
རྩ་ལག	friends, relations
རྩིབས་ལོགས	side
རྩུབ	abusive

རྩུབ་མོ	rough
རྩེ་མོ	peak, tip
རྩོད་པ	to dispute, to quarrel
རྩོམ་པ	to commence
རྩྭ	grass
བརྩོན་འགྲུས	effort
བརྩོན་པ	effort

ཚ

ཚ་བ	heat
ཚང	complete
ཚངས་པ	Brahma; chaste
ཚངས་པར་སྤྱོད	brahmacaryā
ཚད	measure
ཚིག	word
ཚིག་པ	to burn
ཚིགས་བཅད་པ	to versify
ཚིགས་སུ་བཅད་པ	verse
ཚིམ་པ	to be satisfied
ཚུགས་པ	to penetrate
ཚུ་ར	this side, hither
ཚུལ	manner
ཚུལ་ཁྲིམས	moral practice
ཚེ	at the time; lifetime
ཚེར་མ	briar, thorn
ཚོགས	accumulation
ཚོང་པ	merchant
ཚོད	measurement
ཚོར་བ	to feel
མཚན	mark
མཚན་མོ	night
མཚམས	interstice, boundary
མཚམས་སྦྱོར	to enter the womb; linkage
མཚོ	lake
མཚོན	weapon
འཚེ་བ	to cause danger to, to injure
འཚོ་བ	to be alive, to live
འཚོལ་བ	to seek

ཛ

མཛད་པ	to do [hon.]
མཛའ་བ	loving
མཛའ་བོ	loving friend, relative
མཛེས་པ	beautiful
མཛོད	treasure; do [imp.]

འཛད་པ	to dwindle
འཛམ་བུ	world of Jambu, the world
འཛིན་པ	to hold, to embrace
རྫི	breeze
རྫིང་བུ	pond
རྫུ་འཕྲུལ	magical manifestation
རྫོགས་པ	accomplished, completed
རྫོགས་པའི་སངས་རྒྱས	Perfect Buddha
བརྫི་བ	to crush; breeze
བརྫུན	lie, falsehood

ཞ

ཞན་པ	weak
ཞབས	feet [hon.]
ཞབས་ལྡན	perfect conduct
ཞི་བ	to be peaceful
ཞིག	destroyed; [particle]
ཞིང་	field; [particle]
ཞིམ་པོ	sweet, delicious
ཞུགས་པ	entered
ཞེ་སྡང་	hatred
ཞེ་ས	respect
ཞེན་པ	to desire
ཞེས	so-called
ཞོག	put, give up [imp.]
ཞོན་པ	to ride
གཞན	other
གཞི	basis, foundation
གཞུ་བ	bow for shooting
གཞུང་	sincere
གཞུས་པ	struck
གཞོན་ནུ	youthful
བཞག་པ	placed
བཞི	four
བཞིན	like
བཞིན་དུ	accordingly
བཞུགས་པ	to dwell, to stay
བཞོན་པ	riding mounts

ཟ

ཟ་བ	to eat
ཟག་པ	impure, corrupt
ཟང་ཟིང་	things, worldly attractions
ཟད་པ	to be exhausted, to end
ཟབ་མོ	profound
ཟས	food

ཟས་ཀྱི་ཚོད་	moderation in eating
ཟས་གཙང་	Śuddhodana
ཟིན་	held
ཟིལ་གནོན་པ	overawe, outshine
ཟུག་རྔུ་	affliction, uneasiness
ཟོ་བཟང་	fine appearance
ཟླ་བ	the moon; month
ཟླ་མེད	unequalled, matchless; friendless, alone
ཟླུམ་པ	round
གཟར་བུ	ladle
གཟི	brightness
གཟི་བརྗིད	brightness; brilliance
གཟིགས་པ	to see [hon.]
གཟིམ་པ	to sleep
གཟིར་བ	to be tormented
གཟུགས	body, form
གཟེབ	cage
བཟང་པོ	good
བཟུང་བ	to grasp
བཟོད་པ	patience, endurance
བཟློག་པ	to reverse, to turn back

འ

འོ་མ	milk
འོངས་པ	to come
འོད	light
འོད་མའི་ཚལ	the Bamboo Grove
འོད་ཟེར	light rays
འོད་སྲུང་	Kāśyapa
འོན་ཀྱང་	although
འོན་ཏེ	else; yet; or if not
འོས་པ	suitable

ཡ

ཡང་བ	anguish
ཡ་རབས	high class
ཡང་	also; although; even
ཡང་དག	genuine
ཡང་དང་ཡང་དུ	again and again
ཡང་པོ	light
ཡངས་པ་ཅན	Vaiśālī
ཡན་ལག	branch, limb
ཡལ་བ	decrease; vanish
ཡི་གེ	letter

ཡིད	mind
ཡིད་འོང་	delightful
ཡིན	is, are
ཡུངས་ཀར	mustard seed
ཡུད་ཙམ་ཞིག	instant
ཡུན་ཐུང་	short period of time
ཡུན་རིང་	long period of time
ཡུར་བ	to irrigate
ཡུལ	object; country
ཡུལ་འཁོར	province, estate
ཡོངས་སུ	completely
ཡོན	gift, benefit
ཡོལ་བ	curtain; past
གཡང་གཞིས	antelope skin
གཡུང་དྲུང་	svāstika
གཡུལ	battle
གཡེང་བ	agitated
གཡེར་བ་ག་པ	luminous space
གཡེལ་བ	indolence
གཡོ	cunning
གཡོ་བ	to move
གཡོགས་པ	covering

ར

ར་རྗེ	defilement
རག་པ	to touch
རགས་པ	rough
རང་	self
རང་ཅག	we, us
རང་བཞིན	inherent nature
རན་པ	right moment
རབ	[intensifier]
རབ་ཏུ་བྱུང་བ	to enter the priesthood
རལ་པ	matted or braided hair
རལ་བ	to tear
རི་བོ	mountain
རི་བོང་	rabbit
རིག་པ	knowledge
རིགས	lineage; family
རིང་པོ	long
རིད	emaciated
རིམ་གྱིས	by stages
རུང་བ	to be fit, to be suitable
རུས་པ	bones; lineage, family
རེ	each

རེ་བ	to hope
རེག་པ	to touch, to reach
རོ	taste, flavor; residue; corpse
རོལ་བ	to play, frolic
རླབས	wave
རླུང	wind

ལ

ལ་ལ	some
ལག་པ	hand
ལངས་པ	arisen
ལན	times
ལམ	path
ལམ་རྒྱགས	provisions for a journey
ལམ་པོ་ཆེ	highway
ལས	karma; from; than
ལུས	body
ལེ་ལོ	laziness
ལེགས་པ	well, fine
ལེགས་བཤད	elegant saying
ལེན་པ	to take up
ལེབ	flat
ལེའུ	chapter
ལོ	year
ལོ་མ	leaf
ལོག་པ	to return; wrong
ལོང་བ	blind
ལོངས	take [imp.]
ལོངས་སྤྱོད	enjoyment

ཤ

ཤ	meat, flesh
ཤར	east
ཤི	to die
ཤིག	[particle]
ཤིང	wood; tree; [particle]
ཤིང་མཁན	carpenter
ཤིང་རྟ	chariot
ཤིན་ཏུ	very
ཤེས་འཆལ	meaningless
ཤེས་པ	to know
ཤེས་རབ	wisdom
ཤོ	dice
ཤོས	[comparative or superlative]
ཤུ་འོད	flood
གཤིན་རྗེ	Yāmā, Lord of Death

གཤེ་བ	to abuse, to scold
གཤེགས་པ	to proceed [hon.]
བཤད་པ	to explain; explanation
བཤིག་པ	destroyed
བཤེས	relation, friend
བཤེས་གཉེན	spiritual friend

ས

ས	earth, stage
སཱ་ལ	sala tree
སངས་རྒྱས	Buddha
སད་པ	to waken
སུ	who
སུ་ཞིག	someone
སུལ	cleft
སེམས	mind, thought
སེར་སྣ	greed
སོ་སྐྱེ	ordinary being
སོ་དྲུག	thirty-six
སོ་སོ	distinct, individual
སོ་སོར་སྐྱེ་བ	ordinary being
སོ་སོར་ཐར་པ	deliverance
སོང་བ	gone
སྲ་བ	solid
སྲང	balance
སྲབ་སྐྱོགས	reins
སྲིད་པ	existence
སྲིན་བུ	insect
སྲེག་པ	to burn
སྲེད་པ	craving
སྲོག	life
སྲོག་ཆགས	living creatures
སླ	easy
སླང་བ	to take, to receive alms
སླད	henceforward
སླད་དུ	for the sake of
སླན་ཆད	later
སླར	again; later
སླེབས་བ	to return
སློང་བ	to ask; to raise
སློབ་བ	to teach; to learn
སློབ་དཔོན	master, scholar
སློབ་མ	disciple
གསལ་རྒྱལ	Prasenajit
གསལ་བ	to clear; to be clear
གསུངས་པ	to speak [hon.]

གསུམ	three
གསུམ་པོ	the three
གསེར	gold
གསོད་པ	to kill
གསོན་པ	life
གསོས་པ	nourished
བསགས་པ	accumulated
བསད་པ	killed
བསམ་གཏན	meditation
བསལ་བ	to clear away
བསིལ་ང:	cool
བསུ་བ	to meet, to welcome
བསོག	accumulated wealth
བསོད་སྙོམས	alms
བསོད་ནམས	merit
བསྲང་བ	to straighten
བསྲུང་བ	to guard
བསླང་བ	to rise up; bloated
བསླབ་བ	to teach
བསླུ་བ	to deceive; to lure

ཧ

ལྷ	gods
ལྷག་པ	remainder, exceeding; wind
ལྷག་པའི་བསམ་པ	highest intentions
ལྷན་ཅིག	together with
ལྷས	pen, corral
ལྷས་བྱིན	Devadatta
ལྷུང་བ	to fall
ལྷུར་བླངས	to make great effort
ལྷུར་ལེན	to make great effort
ལྷོད་པ།	slack

ཨ

ཨུད་པ་ལ	blue lotus
ཨེ་མ	wonderful

Śrī Jambhala

|| ཕྱོགས་ལས་རྣམ་རྒྱལ་མཆོད་རྟེན་དགེ ||

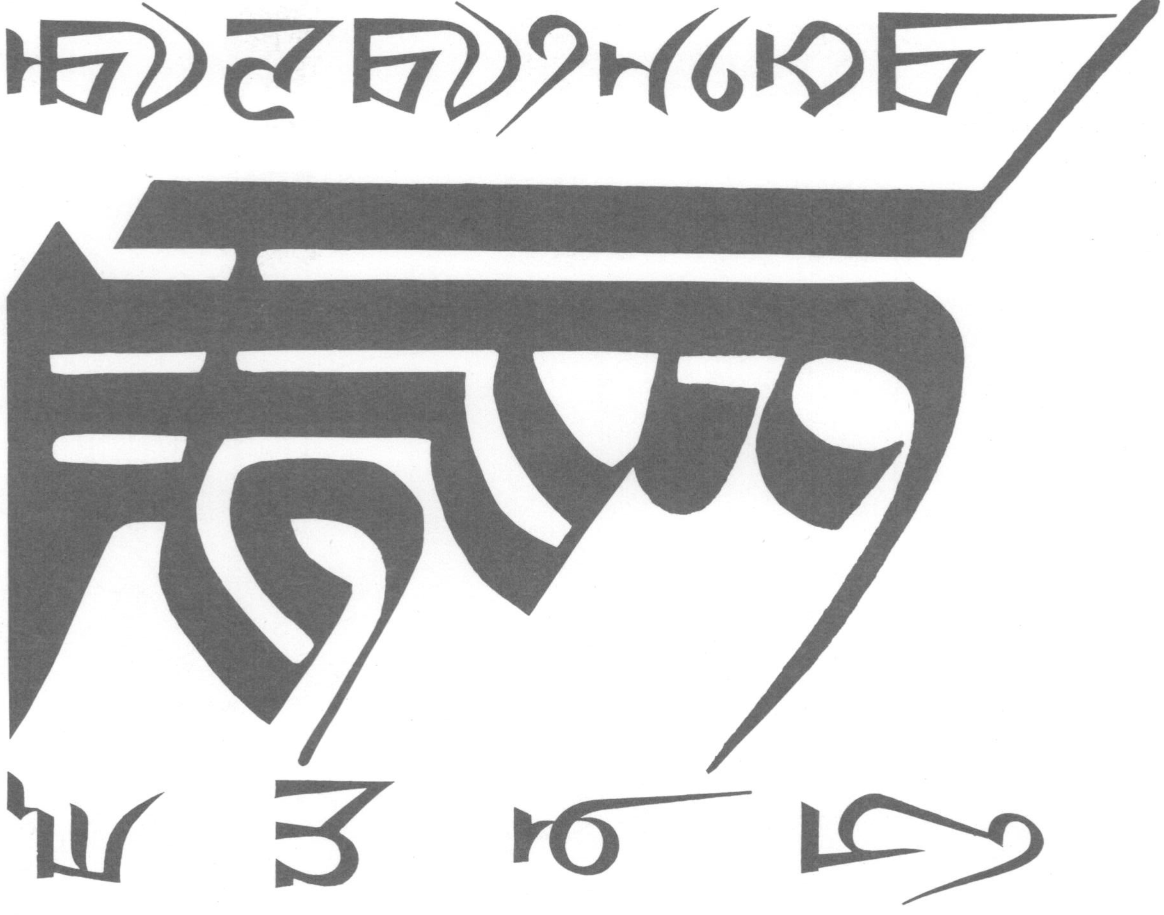